AF201281

....

Und darum laufe!

2

Konrad Gruen

Impressum

Bibliografische Information der Deutschen Nationalbibliothek: Die Deutsche Nationalbibliothek verzeichnet diese Publikation in der Deutschen Nationalbibliografie; detaillierte bibliografische Daten sind im Internet über *http://dnb.dnb.de* abrufbar.

© Copyright: *2020 Konrad Gruen*
Umschlaggestaltung, Illustration, Satz:
www.weisser-raum.de
Bildnachweis: pixabay.com / Bergadder
Gesetzt aus der Calluna und der Calluna Sans
exljbris Font Foundry

Herstellung und Verlag:
BoD – Books on Demand, Norderstedt
ISBN: 978-3-7519-2234-0

www.darumlaufe.net

Inhalt

2. Irren und Bedingtheit

3. Transparenz und Eingebundenheit

Vorwort

Was nur, ist die Zeit? Ich frage mich leicht und gewährend und lasse meinen Geist mal hierhin, mal dorthin strömen, um einer Antwort ein wenig näher zu gelangen. Wie Blumen in der Wüste nach einem Regenguss erblühen in diesem Strömen Gedanken und sie sind hier und dort hineingewoben in die Abschnitte dieses Buches.

Ein jeder Artikel in diesem Buch folgt einer Bewegung im Raum und damit auch dem, was wir Zeit nennen. Diese Bewegungen liegen im Lauf der Jahre auf Tage und Tageszeiten verteilt. Die Bewegungen folgen einer Struktur, doch sie ist mir ein Geheimnis.

So wie ich den Raum durchmessen habe, mit dem Körper und in meinen Gedanken, hat der Planet den Raum durchmessen in seinem Sonnenumlauf. Ganz sicher in der Erwähnung dieser Analogie ist: *Einem inneren Umlauf es entspricht, was an Worten hier zusammengetragen ist.* Darin es sich bereits mit Sinn erfüllt, mir einmal Zeitmaß gewesen zu sein und Ziel.

Konrad Gruen
April 2020

1. Laufpraxis und Geheimnis

Beginn

Wie anders ist der Weg, ist er aus der entgegen gesetzten Richtung genommen. Zum ersten Mal blicke ich in ein Tal hinab, aus dem ich sonst nur Heraufblicke. Von beiden Seiten begangen, erkenne ich den Weg nun neu und das Wesentliche an ihm. Vom Ziel aus betrachte ich meine Wege. Zum Anfang hin denke ich von diesem Ort.

Zurück in die Frische des Aufbruchs. In den Mut, die Unbeschriebenheit. Zurück, hinein in die Unschuld des Kindes. In das momentverlorene Spiel. Versunken in das schlafende Wachstum, die eindeutige Wohligkeit. Weiter noch, bis zu dem entspringenden Beginn. Immer und immer wieder Beginn.

Und darum laufe!

Eine Schule des Laufens

Wann beginnt das Laufen? Wo endet das Gehen? Ich laufe an manchen Tagen so langsam, dass schnell Gehende mich überholen würden. Und doch ist ihr Gehen nicht Teil dieser SCHULE DES LAUFENS. Die Geschwindigkeit ist es nicht. Es ist nicht das Verhältnis der Zeit zu der in ihr zurückgelegten

Distanz. Es ist darin nicht messbar und auch nicht vergleichbar. Es ist immateriell und innerlich. Es ist, in der Bewegung zur Ruhe zu gelangen.

Der Schlag des Herzens spielt sicher eine Rolle. Leicht erhöht soll der Puls sein, mehr jedoch nicht. Auch hier ist alles individuell. Leicht erhöht im Verhältnis zu dem Ruhepuls. Dem Ruhepuls eines Menschen.

Was ist das Wesentliche in mir? Anwesend, gegenwärtig zu völliger Ruhe zu gelangen, über die Zeit und den etwas erhöhten Puls – das ist diese SCHULE DES LAUFENS. Es gibt keine Eile. Eile ergibt keinen Sinn. Es gibt kein voraus, kein hinterher.

Ist es nun Laufen oder Gehen? Ganz egal! Es ist, in sich versunken zu sein. Nicht im eigenen Sumpf, der dunkel mich bindet. Versunken im Keim, im Samenkorn des Selbst, welches golden leuchtet. Im ICH-PUNKT. Im Jetzt, dort, wo alles zusammenläuft: Schicksal und Bestimmung, Wille und freie Wahl, Vergangenes und zu Erwartendes, Körperliches und Geistiges.

Es ist der Punkt, der ICH und ALL zugleich ist, der keine Ausdehnung kennt. Unmessbar klein, ohne Länge noch Breite, ohne Geschmack, Farbe, Struktur und Form. Ein Punkt nur und das ALL zugleich, das Vollkommene. Dessen Ausdehnung ist unmessbar weit, ohne Länge noch Breite, ohne Geschmack, Farbe, Struktur und Form. Das ist diese SCHULE DES LAUFENS.

Und darum laufe!

Das Schärfen

Das Schärfen eines Messers mit einem Stein, in steten, ruhigen Bewegungen. Die Bewegung in Halbkreisen, in einer liegenden Acht, um abzutragen, was zu viel ist, um sich der Schärfe anzunähern. Eines Messers Schneide, von besonderer Schärfe. Es teilt ohne Widerstand. Und so ist es dem Laufen nah.

Auch dies ein Schärfen, um zu teilen. Ohne Widerstand. Ein Schärfen des Verstandes und der Intuition. Es teilt den Weg in Rechts und Links. Es teilt die Gedanken in die, welche ich fallen lassen und die, welche ich bewahre. Zudem nimmt es von den Gedanken alles fort, was überflüssig ist.

Das Hinfortnehmen, von all dem, was zu viel ist, um die Schneide zu erzeugen, die zu teilen vermag. Um dann hinfortzunehmen von dem Wesentlichen. Von der SACHE-AN-SICH.

Das Denken ist Werkzeug und Werkstück zugleich. Präzision ist die Aufgabe. Was einmal in die Welt gelangt, ist zuvor erdacht. Das Denken, ein Akt der Schöpfung. So frei es ist, irgendwann steht dort die Erkenntnis, dass es manifestiert. Es ist nicht ohne Folgen. Es ist die übertragene Verantwortung. Leicht, frei und heiter soll es sein, doch zudem präzise. Schritt für Schritt. Deshalb das Schärfen.

Und darum laufe!

Hunger

Ich laufe mit leerem Magen. Und doch nehme ich den Hunger nicht wahr. Heute laufe ich, bis ich hungrig bin, bis mir der Hunger bewusst wird. Das ist die Erweiterung der Grenze. Es ist eine Bedingung, die ich mir stelle. Es soll der Hunger sich einstellen. Ihn kennenzulernen, bin ich losgelaufen. Ihn zu verstehen und ihm gegenüber gleichgültig zu werden, ist das Ziel. Die Kraft, nicht mehr aus dem Materiellen zu ziehen, aus Muskeln, Gewebe, aus Zellen. Die Kraft, stattdessen aus dem Gehalt der Luft zu ziehen, ist das Ziel. Darüber hinaus aus dem, was ich in mich einströmen lasse. Ein Gefäß zu werden, das ist das Ziel.

Es bedeutet, den Berg in mich einströmen zu lassen. Es bedeutet, der Berg zu sein. Der Berg, an dem ich mich im Anstieg erschöpfe. Ich selbst bin der Berg und laufe auf mir bergan. Es sind die Gedanken des Bergs, die ich denke. Es sind die Gesänge der Landschaft, die ich singe. Der Hunger ist der Zugang. Der Hunger ist das Portal. Es ist da, zu jeder Zeit.

Und darum laufe!

Verstehen

Ich laufe und die Schnüre der Sandale an meinem rechten Fuß drückt. Sie tut es schon eine Weile und da der

Schmerz nicht zu ignorieren ist, halte ich an und justiere die Schnüre neu. Es hat sich bereits eine Blase unter der Hornhaut gebildet. Ich bin erstaunt, wie lang ich gebraucht habe, um mich überhaupt zu kümmern. Ich habe die Irritation ignoriert bis hierher und jetzt geht es nicht mehr. Es dauert nicht lang, die Schnüre neu zu binden. Der Schmerz ist immer noch vorhanden, doch die Belastung ist anders verteilt. Die Schnüre ist zudem nicht mehr so straff gebunden, wie zuvor. Ich laufe weiter und denke:

Wie einfach es gewesen wäre, schon viel früher zu justieren. Es hätte nur einen Moment benötigt. Ich hätte es tun können, sofort. Doch ich konnte genau das nicht verstehen.

Und darum laufe!

Über null

Wenn ich barfuß laufe auf gefrorenem Boden, nur mit einer durch Schnüre befestigten dünnen Ledersohle an den Füßen und die Temperatur der Luft dabei über null Grad liegt, dann ist alles möglich. Zehn Kilometer oder mehr sind möglich, ohne dass ich Erfrierungen befürchten muss. Denn es ist so, dass bei einem Lauf von einer Stunde die Füße vielleicht nur ein Drittel der Zeit den gefrorenen Boden berühren. Die Füße sind zudem durch die dünne Sohle geschützt. Den Rest der Zeit – bin ich ununterbrochen in Bewegung – befinden sich meine Füße in der wärmeren Luft. Ich glaube, alles über null Grad Lufttemperatur ist möglich. Zudem trainiere ich die Durchblutung der Gefäße mit jedem Lauf, der unter zehn Grad liegt.

Es liegt darin kein Schmerz für mich. Es liegt darin auch kein mangelnder Komfort. Ich bin frei im Denken. Frei von Sorge oder Befürchtung. Ich kann mich völlig erheben und einfach laufen. Da sind der Wald, das Rauschen des Baches und die freundliche Verwunderung der mir begegnenden Passanten. An die Kälte habe ich die Füße bereits gewöhnt. Ich vermute, obwohl nach einer Stunde des Laufens die Füße sich ganz taub anfühlen, dass auch Barfußläufe bei Minusgraden möglich sind. Ich richte das heiße Wasser unmittelbar nach der Heimkehr auf Spann, Ferse, Sohle und Zehen. *So habe ich meine Füße seit Jahren nicht gespürt.*

Und darum laufe!

Unsichtbar

Ich laufe und werde nicht gesehen. Still, leis und gewandt. Ich nehme Form und Gestalt an von dem, was mich umgibt. Ich werde zu einer Luftspiegelung, die Vorhandenes unsichtbar macht, anstatt nicht vorhandenes vor Augen zu führen. Ich werde zu einem Laut, der so innerlich ist, dass es nicht zu glauben ist, dort draußen wäre etwas, welches diesen Laut erzeugt. Ich täusche und lasse darin dem mir entgegenkommenden Menschen seinen inneren Raum unirritiert. Dies ist nicht der Tag für Irritationen. Ich laufe, als würde nicht einmal die Luft verwirbelt, die mich umgibt. Kein Erkennen, kein Wahrnehmen. Niemand sieht mich oder hört von mir. Eine Decke habe ich über meinen Kopf geschlagen und in mich hinein die Dunkelheit gesenkt. Keine Angst darin, vielmehr die tiefe Ergebenheit, sich in alles zu fügen, was unsichtbar, ungesehen ist. Ich laufe und bin dabei zusammengekauert, gekrümmt im Zelt meiner Decke. *Es ist ein Sternenzelt.*

Auf die Innenseite dieser Decke nun projiziere ich das Universum in den für mich in diesem Moment bedeutenden Erscheinungen. Und es ist ein weites Leuchten und Scheinen. Ich staune mit weit geöffneten Augen. Das ist mein Weg.

Und darum laufe!

Von dem Gebrauch eines Ortes

So fremd mir die Formulierung erscheint, es schließt sich ein Gedanke an:

Etwas kann durch den Gebrauch veredelt sein. Etwas kann durch den Aufenthalt eines Läufers, an Schönheit gewinnen. An Reinheit und Harmonie.

Von diesem Geist erfüllt, könnte dieser Wald, auch für andere spürbar, zu einem aus sich selbst heraus strahlenden Ort werden. Oder er könnte zurückfinden zu der aus sich selbst heraus strahlenden Kraft, die dieser Ort einmal besaß. Hierin vertieft, in diese Gedankenwelt, stolpere ich über eine leere Flasche, die hier zurückgelassen wurde. Ich tue, woran ich schon öfter gedacht habe, bücke mich, hebe die Flasche auf und laufe weiter. Zuerst geht es darum, den Müll herauszutragen aus dem Wald. Ganz einfach. Ein Fetzen Papier, eine Tabakverpackung, eine alte Schuhsohle, schnell ist meine Hand gefüllt. Und so laufe ich mit dem Müll in der linken Hand und trage ihn hinaus zu dem nächsten Mülleimer auf meinem Weg. Ein erhebendes Gefühl erfüllt mich. Von nun an mag sie sich füllen auf jedem Lauf, die linke Hand.

Und darum laufe!

Die Ethik des Laufens

Ich achte darauf, bei einem Lauf so wenig Spuren, wie möglich zu hinterlassen. Ich laufe auf bestehenden Wegen und Pfaden. Ich versuche, so leis, wie möglich zu laufen. Ich respektiere die Tiere, die mir begegnen, und weiche zurück, um den Weg für sie freizumachen. Ebenso gebe ich den Weg frei für Passanten, für Wanderer und Radfahrer, ohne sie zu behindern. Ich sende ihnen, wie den Tieren, das Gefühl des Respekts und der Gleichwertigkeit. Das ist die ETHIK DES LAUFENS, der ich folge, nach der ich das Laufen praktiziere.

Und darum laufe!

Die linke Hand

Die linke Hand, in ihrem Griff ein paar Teile des Mülls, der von dem Weg aufgelesen ist. Sie könnte zu einem Zeichen werden. Zu einem Zeichen für die entgegenkommenden Läufer. Wortlos, ohne Appell. Ohne moralische Überhöhung. Einfach ein Zeichen. Zudem ist sie ein Zeichen für mich selbst. An mich selbst gerichtet.

Das Zeichen wirkt in mich hinein. Und ich bin berauscht von dem Mut, der in dieser Tat liegt. Eine Handlung, in der ich mich selbst zum Ausdruck bringe. Einfach deshalb, weil es möglich ist. Weil ich hier laufe, weil ich mich verantwortlich fühle. *Ich ermächtige mich selbst, mich verantwortlich zu fühlen.* Ohne eine übergeordnete Organisation. Ohne irgendeine Zugehörigkeit. Ich scheue mich nicht, darin sichtbar zu werden, und halte es aus, gesehen zu werden. Es ist ein Ausdruck der persönlichen Freiheit. Welch ein Genuss.

Und darum laufe!

Spinnweben

Das einfallende Licht, auf meinem Weg im Wald, lässt mich eine linienförmige Reflexion vor mir wahrnehmen. Es ist ein Faden. Es ist der erste Faden eines noch zu webenden Spinnennetzes, der quer über den Weg auf der Höhe meiner Augen gespannt ist. Ich sehe die Spinne, winzig klein, vom

Wind bewegt. Sie hängt in des Fadens Mitte. Sie hat den großen Schlag geschafft. Über den Weg hinweg und ich erstaune über die Größe der Distanz, die diese kleine Spinne mit ihrem Faden überbrückte, um nun daran ihr Netz fortzuspinnen. Vielhundert Mal größer als sie selbst. Es erfüllt mich mit Ehrfurcht, ihre Meisterschaft zu bemerken.

Ich ducke mich unter ihrem feinen Gespinst hinweg, laufe weiter und blicke mit einem Mal in mich hinein. Ich fühle mich tief verbunden mit dieser kleinen Spinne. Es ist so, als wäre ich durch das Ducken und das Unterschreiten dieses Fadens in ein mir bisher verborgenes Reich getreten. Es ist ihr Reich und sie zeigt mir ihre Kraft. Sie zeigt mir die Kraft aller webenden Spinnen auf diesem Planeten. Und in diesem dunklen Raum schimmern hier und dort silbrig die feinen Netze vieler Spinnen.

Es sind Stellen im Inneren meines Körpers, denn es ist der Blick nach innen, in mich hinein. Die Spinne führt mich und begleitet mich. Und so reise ich zu meinen schmerzenden Schultern, zu der Entzündung an meinem Augenlid. Ich reise zu dem bedrängten Gefühl in meinem Magen, der gerissenen Hornhaut an der Ferse meines Fußes. Im Blicke schon lösen sich die feinen Gespinste in reine Reflexion und verschwinden sanft und ohne Laut. Eine Weile noch bin ich verbunden und in großer Dankbarkeit. Ich kehre zurück und unterschreite den silbrigen Faden ein zweites Mal – *mit diesem Wort.*

Und darum laufe!

Das Spinnentier

Ich muss eingeschlafen sein, denn ich blicke mich um und finde mich liegend unter einem Baum an einer Lichtung im Wald. Ich habe mich hingelegt, um auszuruhen, und bin eingeschlafen.

Ich kann nicht sagen, wie viel Zeit verstrichen ist. Vielleicht war es nur ein kurzer Moment. Ich erinnere mich, losgelaufen zu sein. Ich trage meine Laufkleidung. Nun bin ich hier. Ich streiche mir mit der Hand über das Gesicht, um mich zu erfrischen.

An meinem linken Augenlid bemerke ich etwas Ungewöhnliches. Ein Widerstand, eine Erhöhung. Ich befühle, was ich nicht sehen kann. Es ist direkt auf meinem Auge, nur getrennt durch das Lid. Es fühlt sich so an, als wäre die Erhöhung direkt in meinem Auge und so greife ich nach der Erhöhung mit Daumen und Zeigefinger, einer Pinzette gleich. Ich umfasse, was sich dort festgebohrt hat und ziehe, sodass sich das Augenlid abhebt. Ich erhöhe die Kraft und bleibe geduldig. Mit einem Knacken löst sich ein Spinnentier und ich halte es in meinen Fingern.

Ich danke dem Spinnentier für den Hinweis, den ich bekomme – es saß fest auf meinem linken Auge.

Es wären so viele andere Stellen möglich gewesen. Ich zerdrücke das Spinnentier zwischen meinen Fingernägeln und mache mich zurück auf meinen Weg.

Und darum laufe!

Laufübung am Meer

Für diese Übung benötigst du ein Meer, eine Küste, einen begehbaren Strand. Dann benötigst du einen Tag Zeit, zudem einen von Wolken klaren Himmel und den freien Blick auf die Sonne. Vor dir benötigst du etwas Raum auf dem Sandstrand. Vielleicht benötigst du auch ein paar Tage Zeit, weil es sein kann, dass das Wetter an der See wechselhaft ist. Warte ab, irgendwann kommt die Sonne hindurch und dann laufe zum Strand.

Du benötigst für diese Übung einen möglichst breiten Strand. Einen, der sanft zum Meer hin abfällt, sodass die Wellen lang und breit auflaufen, an Kraft verlieren und zurücklaufen. Ein Wattenmeer vielleicht. Dort laufe.

Bewege dich in dem Bereich, in dem die auflaufenden Wellen eine große Wasserfläche bilden, die im Ablaufen die Sonne reflektiert. Laufe nicht zu früh und nicht zu spät. Alles soll so sein, dass die Reflexion der Sonne vielleicht zwei Meter vor dir liegt. Und dann laufe. Halte deinen Blick gesenkt. Die Reflexion der Sonne läuft nun vor dir. Sie begleitet dich. *Das ist die Übung.*

Erfahre, wie die Reflexion der Sonne vor dir läuft, in gleichbleibendem Abstand. Du läufst dabei der Sonne entgegen. Lass den reflektierten Lichtfleck in dich eingehen. Speise die Sonne ein in die Mitte deines Kopfes und laufe, ohne zu denken. Das Rauschen des Meeres, die auf- und ablaufenden Strukturen von Wasser und Schaum unter dir helfen dir dabei. Lass alles in der Mitte deines Kopfes zusammenkommen. Vertiefe dich mit offenen Augen in das Zentrum deines

Kopfes. Laufe am besten Barfuß durch die anbrandenden Wellen. Gib dich dem Schwindel hin, hier kann nichts passieren, der Untergrund ist weich. Erfahre genau das, Kilometer um Kilometer. Und dann laufe heim. *Das ist die Übung.*

Und darum laufe!

Wahrnehmung und Berührung

Mit den Kuppen meiner Daumen streiche ich beim Laufen über die Fingerglieder der zu Fäusten geschlossenen Hände. Links und rechts. In mir das Gefühl, als würde ich über die Windungen meines Gehirns streichen. Als würden die Daumenkuppen die Erhebungen und Vertiefungen der Außenseite meines Gehirns nachfahren. *Keine Trennung, keine Distanz. Wahrnehmung und Berührung sind eins.*

Und darum laufe!

Laufmeditation

Wir können gemeinsam laufen und dabei meditieren. Du wirst etwas sehen vor deinem inneren Auge. Das sind deine Bilder, von dir erschaffen. Ich kann deine Bilder nicht sehen. Ich kann spüren, was dir deine Bilder bedeuten, wenn du mir von ihnen erzählst. Im Moment deiner Erzählung kann ich spüren, was an deinen Bildern wahrhaftig ist, wenn du es mir erlaubst. Das kann ich dir dann bestätigen, mehr nicht. Du hast in allem die freie Wahl. Du bist der Schöpfer und kannst entscheiden, ob du deine Schöpfung annehmen möchtest. Die Bilder können dir helfen, eine Entscheidung zu treffen.

Träume und Bilder, die du vor deinem inneren Auge siehst, können vieles sein. Deshalb ist es ratsam, ihnen gegenüber aufmerksam zu sein und sie zu prüfen. Immer wieder. Sie können Wünsche sein – *du malst dir aus, was du begehrst.* Sie können Symbole sein – *du erschaffst Zeichen, die dir über die Deutung eine Lösung für eine Frage anbieten.* Sie können Visionen sein – *du siehst Ereignisse der Vergangenheit oder der Zukunft.* Hierin liegt eine große Verantwortung. Sie können Botschaften sein – *du empfängst Hinweise einer anderen Sphäre.* Sei dankbar hierfür, erweise dich würdig, das genügt.

Sie können aber auch ein Spiel sein, freudig, undeutbar. Auch Schreckensbilder, die dich verunsichern, dich hinabziehen. Diese Bilder lass einfach fallen. Lass sie los, lass sie sein. Miss ihnen nicht zu viel Bedeutung bei. Sei dankbar dafür, geängstigt zu sein, dankbar, dass diese Bilder dich daran erinnern, dass es die Angst gibt.

Erweise dich als Meister, indem du diesen Bildern keine Macht über dich gewährst. Du kannst mit ihnen arbeiten und sie wandeln. Du kannst sie steuern, auch während du schläfst. Es erfordert Aufmerksamkeit und zuvor Disziplin. Das ist schon alles. Im Wachzustand den eigenen Gedanken gegenüber souverän zu sein, bedeutet auch hier in Träumen und Visionen die eigene Souveränität wahren zu können. Oder aber sie aushalten und ihnen die Chance geben, ihr wahres Gesicht zu zeigen. Es mögen die dunklen Bilder gewandelt sein in lichtere, schöne Bilder der Herrlichkeit.

Und darum laufe!

Des Läufers Hochgefühl

Dort ist ein Hinweis, einem Versprechen gleich, der in der Lage ist, mich zu locken. Er aktiviert mich. Er lautet:

Wenn du läufst, erwartet dich nach einer Weile – mindestens einer Stunde und auch nicht immer – eine Art Rausch, ein Hochgefühl. Es kann so beglückend sein, dass du schmerzunempfindlich wirst und laufen kannst für weitere Stunden. Ein Schnellläufer wirst du sein in diesem Gefühl. Es ist dabei während, lang anhaltend.

Dieses Gefühl trägt den Namen: DES LÄUFERS HOCHGEFÜHL. Und da es beschrieben ist, mag dieses Hochgefühl zu entdecken sein. Erwarte nicht, dass es sich sofort und verlässlich einstellt, doch die Berichte von seiner Existenz sind eine Realität. Viele haben es erfahren. Viele haben von diesem Gefühl berichtet.

Ich sage, es braucht die Stunde des Laufens nicht. Dieses Gefühl, DES LÄUFERS HOCHGEFÜHL, stellt sich in dem Moment ein, in dem du daran denkst, die Kleidung für den

Lauf, der am nächsten Morgen folgen soll, bereitzulegen. Es ist da, sofort, ganz tief und die mit ihm verbundene Entspannung setzt sofort ein. Der Atem geht tief, ganz von allein. Dieses Hochgefühl ist für jeden verfügbar. Es setzt ein und ist vorhanden, ganz gleich, ob du wirklich am folgenden Morgen läufst oder nicht.

Jedoch musst du es ernst meinen vor dir mit diesem Vorsatz. Nur, wenn du selbst davon überzeugt bist, es auch wirklich zu tun, stellt sich dieses Gefühl ein. Dann am Morgen steigert es sich, wenn du deine Kleidung anziehst. Es ist in dem Glas Wasser gesteigert, welches du vor dem Lauf trinkst. Es ist in dem öffnen der Haustür gesteigert. Es ist in dem ersten Atemzug gesteigert, den du an frischer Morgenluft inhalierst. Und schon läufst du los und bist mittendrin. Es begleitet dich auf den ersten Metern, in der Erwärmung der Muskulatur. Es trägt dich über die folgenden Kilometer hinweg. Vielleicht denkst Du nicht daran, dass du dich in ihm befindest. Vielleicht bist du völlig unbewusst. Ganz sicher können sich, auf diesem Gefühl aufbauende, noch höhere Hochgefühle einstellen. Gefühle, die sich einer Beschreibung entziehen, die sich einer bewussten Annäherung entziehen. Gefühle, die einem scheuen Tiere gleich die Flucht ergreifen, wenn du sie versuchst zu begreifen. Gefühle, die einem scheuen Tiere gleich sich einstellen, wenn du sie gewähren lasst und zur Ruhe kommst in dir. Sodass du sie beobachten kannst, beim trinken aus dem kristallklaren, eisigen Gebirgssee, der du selbst bist.

Und darum laufe!

Tänze und Läufe

Tänze, die dem Laufen ähnlich sind. Menschen im Kreis in einer Richtung, in steter Bewegung. Kein Anfang und kein Ende. Läufe, die dem Tanzen ähnlich sind. Musik stellt sich ein. Die Füße umtanzen Steine, Blätter, Insekten und laufen immer weiter. Ohne eine Erinnerung an den Beginn, ohne eine Ahnung von dem Ende. Die kürzeren Schritte erlauben, zu Betonen, darin ein Spiel. Als würden Klänge Schritt um Schritt entstehen.

Und darum laufe!

Instrument

Ein Rhythmus auf einer Trommel geschlagen. Zuerst ist der Bereich auf dem Fell zu finden, in dem der Klang rein und tief ist. Der Grundton des Instruments. Dieser Ton, das frei schwingende Fell – *mit welchem Finger, in welcher Position ist er geschlagen?* Das ist die Forschung, in der sich die Magie offenbart, die dem Instrument innewohnt. Es gibt diesen Ton, der mich verzaubert, der mich herauslöst aus Zeit und Raum. Ich forsche und weiß, wann der Ton gefunden ist.

Alles ist in diesem Ton bestätigt: Anschlag, Position, Finger und Stärke. Und dass es richtig ist, erfahre ich durch die Gegenwärtigkeit, in der ich mich befinde. Die Gegenwärtigkeit geht von diesem Ton aus. Ich reise auf diesem Ton in das

Reich der Visionen. Es gelingt mir immer wieder und den Nachhall nehme ich mit auf meinen Lauf in den Wald.

Der Rhythmus schlägt in mir und ich laufe in dem Rhythmus, ganz einfach und frei. Ich bin das Instrument, in mir das alles.

Und darum laufe!

Malfuf

Ich beginne mit dem linken Fuß. Für den linken Fuß setzte ich das große L. Der rechte Fuß erhält das große R. Und ich laufe wie schon tausend Mal im Wechsel der Füße, ohne darüber nachzudenken. Und es ist:

L—R—L—R—L—R—L—R

Es sind acht Einheiten, acht Noten, die ich mit meinen Füßen spielen kann. Dann beginne ich wieder von vorn und so weiter. Da ich mit Links beginne, muss ich mit Rechts enden, um mit Links wieder anschließen zu können. Jetzt stelle ich mir die unterschiedlichen Klänge einer Trommel vor. Dort ist ein tiefer Klang. Er ist in die Mitte des Trommelfells geschlagen. Er klingt tief und ungedämpft. Kurz berührt der beherzt geschwungene Finger der rechten Hand das Fell, um mit der entstehenden Schwingung zurückzufedern. Aus der Drehung des Handgelenks heraus. Diesen Klang nenne ich

DUN. Das ist der Grundklang des Instruments. Daraus wird:

DUN—R—DUN—R—DUN—R—DUN—R

Ich erinnere mich daran, wie ich als Kind immer wieder auf dem Weg von der Schule nach Hause an der Bordsteinkante lief. Ein Kinderspiel auf dem langen Fußweg, den ich täglich lief. Ich vertiefte mich auf dem weiten Weg in das Spiel, in dem ich die Distanz vergessen konnte und mich trotzdem meinem Ziel näherte. Ein Fuß auf den Bürgersteig, den anderen auf der Straße. Ein Fuß oben, ein Fuß unten. Hierbei ist der linke Fuß der, der das DUN spielt. Er trifft auf der Bordsteinkante auf. Er trifft weich auf, denn der Bürgersteig liegt höher als die Straße. Der Körper wird hochgehoben, um dann tiefer auf der Straße hart aufzusetzen. Das harte Aufsetzen ist der Akzent. In dem Spiel auf der Trommel gibt es einen Klang, der diesem Akzent entspricht. Er ist hart, fast schon metallisch. Er entsteht, wenn ich mit dem Ringfinger der rechten Hand auf die Kante der Trommel schlage, sodass das Fell deutlich höher und härter klingt. Das Holz des Rahmens klingt zudem. Diesen Klang kann ich verbinden mit dem harten Aufsetzen des Fußes in dem Kinderspiel auf dem Weg nach Hause. Diesen Klang nenne ich TAK. Und ich spiele in meinem Lauf:

DUN—TAK—DUN—TAK—DUN—TAK

Beide sind von gleicher Dauer, wobei es sich für mich als Kind wie heute so anfühlt, als wolle das DUN sich ausdehnen und das TAK sich zusammenziehen. Die Zeit vergeht herrlich, wenn man das DUN soweit ausdehnt, dass es doppelt so lang wird, wie ein TAK. Und der Raum schrumpft wie magisch zusammen. Das laufende Spiel beschenkt mich mit den Triolen, zunächst von gleicher Länge:

DUN—TAK—TAK—DUN—TAK—TAK

Hier beginne ich mit dem linken Fuß und dem DUN, um mit dem rechten Fuß das zweite DUN zu spielen. Dazwischen die beiden TAK. Ein Wechselspiel. Nehme ich jetzt noch die Stille hinzu, so kann ich einen so komplexen Rhythmus wie den Malfuf spielen. Eine Magie liegt darin.

DUN—R—L—TAK—L—R—TAK—R

Und darum laufe!

Schweben

Es ist möglich zu schweben. Für das Schweben benötige ich die Geschwindigkeit und die Fähigkeit, diese Geschwindigkeit aufrechtzuerhalten. Und dies über einen gewissen Zeitraum hinweg. Das Gefühl des Schwebens ist eingebettet in einen Vorlauf und einen Nachlauf. Doch dann ist es da. Und es ist, als würde der Körper sich in einer anderen Realität befinden, als die Beine. Alles läuft von selbst.

Es ist, als würde der Körper sich nicht hinauf und hinab bewegen, sondern in der Horizontalen schweben. Das ist es, weil die Beine darunter nur den jeweils notwendigen Impuls geben, hinauf und voraus, um den Körper auf gleicher Hohe zu halten. Die Masse des Körpers ist in Bewegung. Auch die Beine erfahren sich neu. Sie sind an das Schwebende angebunden und darin sind sie eher Werkzeuge der Luft, als des Bodens. Tatsächlich ist in dieser Phase des Laufes die Berührung der Füße mit dem Erdboden kürzer als die Zeitspanne bis zur nächsten Berührung mit dem jeweils anderen Fuß. Es sind fliegende Beine unter einem schwebenden Körper.

Und darum laufe!

Rausch

Wenn du läufst, durch den Wald über Wurzel und Gestrüpp und du bist nicht allein, so versuche dies:

Lauf hinter deinem Partner her, ganz nah. So nah, dass du kaum erkennen kannst, wohin du trittst, weil eben noch vor einem Bruchteil einer Sekunde der Fuß deines Freundes die Stelle berührte, die du jetzt berührst.

Es ist wie der Blick auf die vorbeifliegenden Schwellen zwischen zwei Waggons, bei der Fahrt mit einer Eisenbahn. Dort ist der magische Raum, in dem die Geschwindigkeit alles miteinander verschmelzen lässt. Aus der sich abwechselnden Struktur von Schwelle und Zwischenraum wird

EINS. Eine Synthese. Die Vereinigung von zwei Prinzipien: dem Tragenden und dem Durchlässigen. Es ist das Seiende und das Nicht-Seiende. Ja und Nein. Gebunden ist dies durch den Gleiskörper, der in diesem Bild ohne Anfang und Ende ist.

Vor meinem inneren Auge und in mir entsteht durch die Geschwindigkeit eine neue Struktur. Ich kann mich in sie hineinfallen lassen. Diese Struktur ist vielschichtig. Sie zu betrachten, berauscht mich. Ich bin wie hypnotisiert und weiß doch, sich völlig fallen zu lassen ist gefährlich. Ich könnte mich verletzen. Und so betrachte ich Äste, Moos, Blätter, den hinauffliegenden Fuß des Freundes. Nichts von dem ist ohne Grund, alles ist gesetzt, arrangiert, voll Sinn und Bestimmung. Jedes noch so kleine Ästchen. Und alles verwischt in meinem Auge miteinander, sodass nichts eine feste Grenze mehr hat, sodass ein Ding es überhaupt nicht mehr zu geben scheint.

Der Freund ist die Lokomotive, die mich zieht, und ich gehe mit, lasse mich ziehen, hinab in die Tiefe des Rausches. Der Rausch ist, genau das zu sein, genau dort zu sein, wo Tritt um Tritt den Boden berührt. Darin bin ich völlig außer mir, im Rausch. Und ich atme, so gut es geht. Ich verausgabe mich, denn es gibt keinen Gedanken an die Einteilung der Kräfte. Das ist der Moment, mehr nicht. Und in ihm erhalte ich Zugang zu Kräften, die von außen zu kommen scheinen. Darin verbirgt sich ein Geheimnis, zu dem zurückzukehren es mich ruft.

Und darum laufe!

Tausend Beine

Stelle dir vor, du hättest nicht nur zwei Beine, mit denen du läufst, sondern viele Tausende. Diese vielen Tausend Beine stelle dir nun vor in einem Überblick. Du kannst sie dir vorstellen wie die Beine eines Tausendfüßlers, der genau so lang ist, wie die Strecke, die von dir gelaufen wird an diesem Tage.

Sie sind dort, wo du entlang laufen wirst, auch wenn du die Strecke noch nicht kennst. Auch wenn du das erste Mal auf dieser Strecke läufst. Jedes dieser Beinpaare wirst du genau ein Mal gebrauchen.

Bist du mitten in dem Lauf, wenn du in diese Vorstellung eintauchst, so befinden sie sich vor dir und auch hinter dir. Hier, mitten in dem Lauf ist diese Vorstellung wohl am kräftigsten, denn du kannst diese Vorstellung sofort auf ihre Wirksamkeit überprüfen. Du selbst wirst darin nur noch zu einem Rest an Körper, der über diese Vorstellung hinweggleitet. Diese Vorstellung kann dich beschleunigen.

Und darum laufe!

2. Irren und Bedingtheit

Der Schlag

Ich laufe, mitten auf dem Weg trifft es mich wie ein Schlag:

Was ist das vor mir? Was war das? Jahr um Jahr, dieses Weiter, Weiter, Schritt um Schritt? All das Laufen, die Distanzen, Kilometer! Ich hatte nichts verstanden, ein Irren im Nebel. Im Glauben, das Eilen würde den Nebel lichten. *Was ist das vor mir? Was ist es wirklich?* Ich meine nicht den Weg, den Sand, die Kiesel, nicht die Bäume am Wegesrand, nicht den Fluss. *Was ist das, wohinein ich den nächsten Schritt setze?* Der Schlag, er ist, zu bemerken, in welcher Bedingtheit ich stand bis hierher. Der Schlag, er ist, den eigenen Schatten zu sehen, den blinden Fleck in der eigenen Netzhaut zu sehen, ganz deutlich. *Das also ist der begrenzende Käfig, den ich mir installierte.* Das Lichtgerüst, im Nebel golden leuchtend. Ich erstarre und stehe still, diesem Moment nachzuspüren. Den Widerschein der Freiheit erblicke ich vor mir. Die Freiheit in mir, sie ist in diesem Moment vollkommen. Sie ist mir vollkommen, um sie mit dem nächsten Schritt hinein in diesen Raum wieder einzubüßen. *Bedingt war ich bis hierher. Frei bin ich jetzt. Bedingt werde ich sein von hieraus.* Doch ich habe diesen kurzen Moment, in dem mich der Schlag trifft. Ich werde ihn hüten wie einen Schatz.

Und darum laufe!

Die Pflege der Gedanken

Dort, in der Umrundung einer Gruppe von Bäumen, als Marke auf meinem Weg, konnte ich eine große Kraft in den Spitzen meiner Finger spüren. Plötzlich, ganz unvermittelt. Besonders in den Spitzen der Ringfinger. Rechts und links. Ich war tief in Gedanken versunken und dachte, als dies geschah, wie es wäre, gäbe es eine Verbindung mit dem Herzen innerhalb der geistigen Aktivität.

Ich dachte an eine Art inneren Faden, der durch mich hindurchginge, leicht und frei, silbrig und durchlässig. Ich dachte, *dass denkend dem Menschen die Verbindung mit dem Herzen möglich sei.*

Und so nahm ich diese körperliche Reaktion als eine Bestätigung meiner Gedanken. Ein Geschenk. Ich nahm die Empfindung der Kraft zudem als einen Hinweis, die Gedanken zu pflegen.

Und darum laufe!

Die freie Wahl

Einer, der verschwand, in Äußerung eines für ihn üblichen Fluches.

Ein Anderer, der verschwand, in Äußerung der für ihn üblichen Klage.

Ein Weiterer, der verschwand, in Äußerung der für ihn

üblichen Ironie.

Ein Nächster, der verschwand, in Äußerung des für ihn üblichen Humors.

Ein wiederum Weiterer, der verschwand, in Äußerung der für ihn üblichen Sanftheit.

Ein Darauffolgender, der verschwand, in Äußerung der für ihn üblichen Ergebenheit.

Ein Letzter, der verschwand, in Äußerung eines für ihn üblichen liebevollen Blickes.

Und darum laufe!

Die Wunde

Ist es so, dass du deine Zeit damit verbrachtest, den Anschein zu erwecken, es würde dir gut gehen, so lass es sein.

So spreche ich zu mir. Dort wo dein Schmerz offenbart ist, ist der Schmerz gelindert. Nur die Offenbarung, das Zeigen der Verletzung ist in der Lage, deinen Schmerz zu lindern. Zeige dich Gerade denen, vor denen du dich in Scham verbirgst. Die, welche du fürchtest, die dich verurteilen, ihnen zeige deine Wunde.

Und darum laufe!

Die Kraft des Anderen

Ein junger Mann, ein Gruß am Morgen, der offene Blick, sein Lächeln, mein Lächeln dazu, und ich bin wie gestärkt durch diese Begegnung.

Ich bin getragen von der Kraft seiner Jugend, der Frische seines Wesens. Als stünde er am Anfang einer großen Reise, die ihn zu dem größten führen wird, was uns gewährt ist. Zu der Wahrheit. In das wahrhaftige Leben. Sein Blick, seine ganze Erscheinung kündet von der Einzigartigkeit seiner Bestimmung, von der Bedeutung seiner Aufgabe, von der Hoffnung, der Erwartung und dem Mut. Sein Blick kündet von dem Aufbruch, dem Scheitern, der Rückkehr und der Erkenntnis. Dem Menschlichen an sich.

Die Frische seiner Jugend erhebt mich aus meiner Kraftlosigkeit, die mir schon so lange anzudauern scheint. Sie erhebt mich aus dem faden Grau, welches mich umgibt und in mich eingeflossen ist. Die Frische erinnert mich an das Leben in mir, an den Moment, an dem ich vor dem Aufbruch stand. Sie erinnert mich daran, auf einer Reise zu sein, mittendrin. Meine Augen waren bis eben nicht offen dafür und ich sah nur das Grau, ohne zu verstehen. Ohne den großen Zusammenhang auch nur zu erahnen. In dem Blick seiner Augen erkenne ich nun wieder, was mich selbst einmal losziehen lies. Ich erkenne zudem, wie weit ich schon gelaufen bin. Seine Kraft zu sehen, erinnert mich an meine Kraft.

Und darum laufe!

Dürre

Die Dürre, trockenes Laub, zerpulvert von Füßen. Bäume, brüchig und fest. Eicheln und Nüsse auf dem Weg so dicht, dass ein Ausweichen nicht möglich ist. Sie knacken und springen umher. Das Bachbett zeigt sich wie nie zuvor. Steinreihen, Barrieren, kleine Tümpel, völlig trockene Sandflächen, ein Rinnsal darin, mehr nicht. Das abwesende Wasser fragt:

Welcher Art Wasser bist Du? Das Stehende, in Tümpeln sich Opfernde. Das Rinnsal, der im Sand versiegt? Welcher Art Wasser bist Du? Das sich in Tagen der Hitze Verringernde, das langsam Verdunstende, das Abgestandene, das Stehende. Das, welches ausharrt, erduldet, erträgt.

Oder aber bist Du das Entflohene, Fortgeströmte, Entwichene, das zurückließ ohne Versprechen auf eine Rückkehr, noch Verbundenheit?

Und darum laufe!

Sehnsucht

Was mir begegnet, beziehe ich auf mich selbst. Ein umgestürzter Baum auf meinem Weg, die Nessel, die mich beim Übersteigen des Baumes sticht, der Stein, von dem ich abrutsche, um mich grade noch abzufangen.

Die Versehrung ist voller Erkenntnis und Wert. Sie ist die

Erfahrung, die ich bedenke oder beiseiteschieben mag. Ich entscheide über Wert und Unwert, den ich den Begebenheiten beimesse. Dies ist nicht übertragbar, ich kann es nicht ausdehnen auf meinen Nächsten. Gültig ist es nur für mich. Ich kann nur berichten von meinem Gefühl, von Gedanke und Form. Von meinem Irren und von meiner Sehnsucht nach Sinn und Wert.

Und es fragt sich in mir: *Woher nur diese Sehnsucht?*

Und darum laufe!

Freundlichkeit

Diese Sehnsucht nach Sinn, Bedeutung und Form, sie ist Ausdruck einer Irritation. Das ist der Zustand und zugleich der Weg. Die Irritation treibt mich an. Ich beschreite den WEG DER GROSSARTIGKEIT und steige hinauf, der Sonne entgegen. In diesem Weg bleibt etwas Vergebliches, denn die unschuldige Ganzheit ist über den WEG DER GROSSARTIGKEIT nicht wiederzuerlangen.

In diesem Streben liegt der Sturz bereits geborgen. Ich werde mich versengen an der Sonne und tue so, als glaubte ich, dass ausgerechnet ich derjenige bin, dem dies nicht widerfahren wird. Das ist das Streben und der ihm zugrunde liegende Glaube. Das Gegenteil mag mich an mein Ziel annähern. *Es ist das Lassen, das Empfangen, das Anerkennen.* Anzuerkennen ist, dass es völlig unerheblich ist, an welchem

Ort und ich welcher Unannehmlichkeit ich stehe. Einzig zählt, wie ich in diesem Moment davon lassen kann.

Zu lächeln darin, es wäre schön. Freundlichkeit wäre ein Wert. Die Wärme des Herzens würde die Welt ein wenig erwärmen. All das ist möglich.

Und darum laufe!

Harmonie

Im Wind bewegtes Winterlaub, ein Zittern fängt meine Aufmerksamkeit. Dunkel vor dem weißen Schnee auf der gegenüberliegenden Seite des Tales. Ich gelange diesem Flirren ganz nah, um zu blicken. Um mich hypnotisieren zu lassen. Ich bin darin leer und frei. Es ist kein Zittern der Angst, die mich in dem Spiel der gefrorenen Blätter hypnotisiert. Der Angst ist es nah, doch in der Bereitschaft, die Angst darin zu erkennen, wird das Flirren zu einem Hinweis:

Sieh hin. Dies ist der Ort, den du gesucht hast, um etwas von dir zu erkennen, um dir auf die Schliche zu kommen. Dies ist der Ort, an den du dich so kunstfertig angeschlichen hast. Das Pirschen hat Dich endlich hierher geführt.

Und mit einem Mal sehe ich eine vom Wind gebrochene Astgabel einer Lärche vor mir pendeln. Sie balanciert kopfüber auf einem Ast einer Buche. Sie hängt lang herab, sanft baumelnd im Wind, als würde sie in der Luft wurzeln. Sie ist weich und grün, biegsam und lebendig. Ich blicke an ihr herab und erkenne die Ausgewogenheit, die Balance ihres Zustands. So fein austariert ist ihr Baumeln, dass ein Sturm sie nicht hinfort wehen wird.

Sie wird sich neigen, *ein weiteres Mal brechen wird sie nicht*. Sie wird tanzen und schaukeln, *ein weiteres Mal brechen wird sie nicht*. Sie wird im Sturme rauschen, *doch ein weiteres Mal brechen wird sie nicht*. Sie ist in völliger Harmonie und der besondere Punkt ist dort, wo Lärche und Buche einander berühren. Das ist der Moment, in dem ich stehe. Jetzt, es ist der JETZT-PUNKT, in dem das ganze feine Gebilde zusammenkommt. Es ist nichts Lineares darin, kein Zeitstrahl mit Beginn und Ende. Es ist die Ganzheit des Gefüges in diesem einen Punkt zugespitzt. Die Gleichzeitigkeit zeigt es ganz klar. Alles, was war, was sein wird, was ist: In diesem einen Punkte es steht. Sonst ist dort nichts, keine Reue, keine Illusion.

Dafür ist es also. Dafür ist diese Gabel, die sich teilt in die Dualität, die dann, wiederum sich aufteilt in weitere Dualitäten, um dann erneut, um 90 Grad gedreht, in weitere Dualitäten sich zu differenzieren.

Durch die Drehung wird dem Gebilde weitere Stabilität hinzufügt. Es ist das Männliche und das Weibliche, darin das Gebende und das Empfangende, darin das Führende und das Folgende. So geht es weiter, immer weiter. Auf dem Weg der Verfeinerung, der Ausdifferenzierung.

Und darum laufe!

Gold

Am Ende eines langen Laufes, der mich an alle Orte geführt hat, die mir geheim und bedeutend, an denen ich mir klar war und atmen konnte. Orte, an denen ich mein Bewusstsein wandeln konnte. Orte, an denen ich gereinigt war, frei und unbeschrieben. Am Ende dieses Laufes gelange ich also an das Flussufer des großen Stromes, der in stiller Kraft sich zeigt.

Und ich blicke in meine Hände, darin ein Briefchen Schlagmetall, goldene Blättchen zu einem Heft zusammengefasst. Hauchdünn, schimmernd und flüchtig, von der Größe meiner Handinnenfläche. Und ich weiß in diesem Moment um den Ruf der Ahnen, die mir dieses Briefchen in die Hand gaben. Leise flüstern sie mir ihren Auftrag in mein Ohr:

Und nun vergolde den Strom, vergolde das Meer in den der Strom einmal münden wird!

Und darum laufe!

Geräusch

Etwas in meinen Ohren. Es liegt zwischen einem Klang, einem Rauschen und einem Ton. Ein Ton so hoch, dass ich ihn gerade noch wahrnehmen kann. Ein Rauschen so fein, dass es dem vom Wind bewegten Herbstlaub ähnelt, ein

Klang so tief, dass aus allen Zeiten seine Kraft zu erschallen scheint. Ein Geräusch, so kann ich es wohl bezeichnen. Bergend und wohlig zugleich.

Eine Erkrankung ist es nicht. Ein Krankheitsbild gibt es nicht. Ich lausche dem Rauschen des Blutes in meinen Ohren. Ich lausche dem Strömen. Ich lausche mir selbst. Ich lausche der Eigenschwingung der Hörorgane. Der Weg steigt an, ich gerate außer Atem und das Geräusch erhebt sich in eine Deutlichkeit hinein. Es begleitet mich, ist mir vertraut. Hier, wo ich mein Herz schneller schlagen lasse, ist es stärker. Ich lausche seiner Botschaft. Es ist die Botschaft der Verfeinerung, die der Ausweglosigkeit. Jetzt folgt es mir. Ist immerzu da. Auch im Ruhepuls. Doch nie zu laut. Nie störend. Fein abgestimmt. Als wäre dies des Geräusches Plan, fein abgestimmt zu sein.

Und darum laufe!

Sich vergeuden

Wegweiser und Wegmarken. Richtungen, von hier aus. Eine ist die des sich Vergeudens. Ihr entgegengesetzt die Richtung, in der das Vergeudete liegt. Viel mehr als das liegt dort auf dem zurückgelegten Weg. Doch all das war nur erreicht über die Vergeudung. Es ist ein Loslassen darin. Denn es ist nur ein einziger Weg, diesem einen Menschen möglich. Ein MEISTER DES SEINS. Dieser Titel ist dem sicher angemessen. Von einer Kunst zu sprechen, ist möglich. Es gibt keinen Vergleich und nie bist du, nie warst du, nie wirst du allein sein.

Und darum laufe!

Silbriger Glanz

Eine Barriere, unsichtbar. Ich komme zu ihr nach einer Weile des Laufens. Ich verlangsame meine Schritte und winde mich behutsam durch sie hindurch, als wäre sie ein schwerer Vorhang aus einem blickdichten Material zum Schutze einer Kammer, eines Kinosaals etwa. Kein Licht soll hindurchdringen, kein Schall, keine Zugluft und auch keine Kälte. Ich gleite hindurch, erst mit dem linken, dann mit dem rechten Bein. Und ich verschließe den Vorhang hinter mir ebenso behutsam, wie ich ihn zuvor öffnete und durchschritt.

Dass diese Handlung von Bedeutung ist, bemerke ich in dem Moment, in dem ich völlig hindurchgeschritten bin. Und ich bin nun in einer anderen Welt. Eine Welt, die hier beginnt und von der ich weiß, dass ich sie nur an genau dieser Stelle wieder verlassen kann. Ich werde durch diesen Vorhang wieder zurückkehren, ganz sicher. Diese Welt hält Begegnungen für mich bereit. Ein paar Meter nur und ich werde getroffen von einem silbrigen Schimmern auf dem Weg vor mir. Die Reflexion des Sonnenlichts in einem von silbrigem Glanz durchzogenen Stein zieht mich in ihren Bann. Glimmer und Glanz, ich neige mich hinab und ergreife den Stein, um tiefer in mich einzutauchen.

Ein Bild aus Kindheitstagen, eine Begebenheit, ein Ereignis. Der Moment, in dem mein Leben eine Wendung erfuhr, die mich als jetzt hierher führte. Deren Bedeutung ich jetzt erkennen kann. Genau jetzt ist der Moment erreicht, erwirkt, in dem mir ein Erkennen möglich ist.

Und ich sehe in der Tiefe, was sich ereignete, sehe die Gefühle all derer, die darin verwickelt waren. Sehe, fühle, höre und schmecke. Perspektiven in Gleichzeitigkeit, als würde ich fliegen wie ein Vogel, als würde ich blicken aus meinen Augen und denen anderer Menschen.

Was nehme ich mit hiervon?

Es ist der silbrige Glanz in den Augen eines Kindes, zu dem ich vorgedrungen bin. Durch den Stein hindurch blickte es mich an und ich konnte verstehen.

Und darum laufe!

Die Kursive

Ein Schriftschnitt aus einer Schriftfamilie. Ihr Wesen ist bewegt. Laufend, ohne zu eilen, eher fließend, dabei keineswegs flüssig. Von dem lateinischen Verb *currere* für Laufen ist der Namen abgeleitet. Die Kursive ist eine eigene Form, aus dem Geist der Ausgangsschrift heraus entwickelt, doch dabei ein entschieden eigener Schriftschnitt.

Die Ausgangsschrift und ihre Kursive ergänzen einander. Sie harmonieren miteinander. Darin benötigen sie einander, um das jeweils eigene Wesen deutlich werden zu lassen. So wird die Kursive zu einer Auszeichnung in dem Meer der Ausgangsschrift.

Die wörtliche Rede, der Ruf des Naturwesens, die Stimme aus dem Inneren, die Mahnung, der Ausruf – dahin mündet der Strom an Gedanken und er ist in der Kursiven gesetzt. Die Stille des Denkens begegnet hier dem Laut des ausgesprochenen Gedankens. Ein Eigenname, in der Kursiven gesetzt, wird eingeführt und erkannt. Einmal erinnert ist er integriert. Die Kursive folgt der Logik der Nachfrage:

Wie also lautet der Name dieses Helden? Wie also lautet der Name dieser Göttin? Wie also lautet der Name dieses Gottes? Wie also lautet der Name dieser Heldin?

Es ist dein Name. Sprich ihn laut vor dich hin. Sprich aus, wie dein Name lautet, im Rhythmus deiner Schritte. Glaubst du dir, wenn du diesen Satz hörst, so sprich ihn so lange vor dich hin, bis aus deinem Namen ein Laut wird, leer und frei. Glaubst du dir nicht, wenn du dich deinen Namen sagen hörst, so sprich deinen Namen so lang vor dich hin, bis du und dein Name eins werden.

Und darum laufe!

Nebel

Ein Rufen, dem Signal eines dahintreibenden Schiffes in dichtem Nebel ähnlich. Ich verharre. Ich fühle mich bedroht in der Tiefe meines Seins. In dem Nebel verfüge ich über keinen Anhaltspunkt, kein Seezeichen weist mir die Richtung. Nur dunkle Ahnung und Befürchtung. Und nun befrage ich mich nach dem Grund des Schweigens.

Warum zieht sich die Welt zurück? Und noch bevor ich diesen Gedankenstrang zu Ende denke, erhebt sich ein weiterer Gedanke, parallel zu dem ersten. Zwei Stränge nebeneinander in Gleichzeitigkeit.

Weil du nicht in der Lage bist, eine Antwort zu erfassen. Also doch, das Rufen, zu meinem Schutze verhallt es unerwidert.

Und darum laufe!

Unerklärbar

Zu früh oder zu spät, abgehalten bin ich von beiden Zuständen gleichermaßen. Zu früh, weil ich noch nicht bereit bin. Weil ich noch müde bin von der Nacht. Weil ich noch voll bin von der Mahlzeit. Weil der Wald zu bevölkert ist von Menschen, die sich dort erholen. Zu spät, weil ich einer Ablenkung nach der anderen gefolgt bin. Zu spät, weil die Dunkelheit hereinbricht. Zu spät, weil die Kraft, loszulaufen von mir in der Ablenkung vergeudet ist.

Doch jetzt, auf des Messers Schneide, genau dort, wo dieser eine Moment liegt, laufe ich los. Und es liegt etwas Geheimnisvolles in diesem Moment. Etwas Unerklärbares. Gegen alle Widerstände und Argumente laufe ich los. In dem Aushalten der Widerstände und der Widersprüche liegt eine große Kraft. Die ganze Welt ist gewandelt. Sie gerät in Bewegung.

Und darum laufe!

Der schwarze Vogel

Der erste schwarze Vogel des neuen Jahres, seit wann schon singt er sein Lied? Dass es ihn überhaupt gibt – es rührt mich und ich frage: *Wie nur konnte ich zweifeln an seiner Rückkehr, Jahr für Jahr?*

Und darum laufe!

Mit geschlossenen Augen

Mit geschlossenen Augen zu laufen ist möglich. Ich probiere es aus. Zehn, zwölf Schritte und mir wird schwindelig. Ich taumele, öffne meine Augen und orientiere mich neu.

Ein ebener Weg, besser noch eine ebene Fläche, ohne Hindernis und ich könnte noch länger laufen, ohne zu blicken. Ich denke an eine Salzwüste, in der in alle Richtungen kilometerweit kein Hindernis mich behindern würde.

Was für Zustände mögen in ihr möglich sein? Ganz bewusst und voller Vertrauen könnte ich mich dem Gefühl hingeben. Ich könnte meinen Geist befreien und ausrichten. Ich könnte überprüfen, was es ist, dass mich schwindelig werden lässt. Ein Rausch könnte es sein. Ein stundenlanger Lauf, ein Marathon mit geschlossenen Augen ist möglich.

Und darum laufe!

Dankbarkeit

Nach Wochen der Dürre, mit schmerzenden Knien vom Lauf auf hartgetrocknetem Boden, mit vom Staub weich gepuderten Füßen, mit vom Untergrund zu mir heraufstrahlender Wärme, fällt endlich der lang ersehnte Regen.

Nachdem die Wolken sich abgeregnet haben, mache ich mich auf in meinen Wald und finde einen völlig veränderten Ort vor. Ich rieche jetzt den Wald, so wie ich zuvor, in der Zeit der Dürre nicht darüber nachdachte, zu riechen. Ich erinnere mich an die Zeit der Feuchte. In ihr konnte ich den Wald riechen und das tiefe Einatmen durch die Nase so wohlig genießen. Wie eine Medizin, ein jeder Atemzug. Ich nehme den Kontrast wahr und verstehe in dieser Wahrnehmung erst die

Qualität der Feuchte, die ich wie selbstverständlich nahm. Der Kontrast erst lässt mich wahrnehmen und ich verstehe, dass es nur der Kontrast ist, der mich wahrnehmen lässt. Ich kann dies auf jede Wahrnehmung ausdehnen, so fein sie auch sein mag. Ganz gleich auf welche Sinneswahrnehmung ich mich ausrichte.

Nur dort, wo ich das EINE von dem ANDEREN unterscheiden kann, wo es einen Kontrast gibt zwischen den zwei Qualitäten, bin ich in der Lage sie zu erkennen und auch zu benennen. Darin, in dem Erkennen bin ich erfüllt von Dankbarkeit. Schon lang habe ich den Regen herbeigesehnt, doch dankbar bin ich, wahrzunehmen. Dies zu erfahren, dies einmal wahrgenommen zu haben, es ist, was mir das Leben ist. Dankbar bin ich, wahrzunehmen, auch wenn es die langsame Austrocknung des Waldes wäre, wenn es ein Absterben eines jeden einzelnen Baumes hier an diesem Ort zur Folge hätte, wenn es in Feuer und Wüste münden würde. Es ist Dankbarkeit.

Und darum laufe!

Wasser schöpfen

Der Übung Regel: *Beende einen Lauf, wenn ein erster Gedanke gedacht, wenn ein erster Gedanke sich kristallisiert hat. Wenn er bereit ist, niedergelegt zu werden. Beende einen Lauf, wenn es Worte gibt, die nur noch niederzuschreiben wären, in ein Journal, eine Sammlung von Blättern, in ein Buch. Beende diesen Lauf ganz abrupt und kehre heim an den Ort, von dem du aufgebrochen bist.*

Nimm es so, als würdest du Wasser schöpfen aus einem Brunnen oder einer Quelle im Wald. Nimm es so, als würdest du das Wasser heimbringen wollen und bedinge dich selbst, indem du sagst:

Genau ein Gedanke ist mein Gefäß in der Lage zu fassen. Genau eine Handvoll Wasser kann ich schöpfen. Und nun kehre heim, ohne dass das Wasser verschüttet wird. Ohne dass das Wasser verunreinigt wird durch einen weiteren Gedanken. Es kann sein, dass sich deine Läufe von nun an deutlich verkürzen, sodass von einer Laufpraxis überhaupt keine Rede mehr sein kann. Vielleicht mag sich diese Übung auch ein wenig gewaltsam anfühlen. Doch sie kann erkenntnisreich sein. Ist die Irritation zu stark, so laufe, ohne zu denken. Ganz einfach, ohne etwas zu behalten, ohne etwas zu planen, ohne etwas zu behalten. Lass alles los.

Und darum laufe!

Schwarzes Wasser

Wie nur kann ein Wasser solcherart schwarz sein, so tief, so abgründig? Es lässt mich nach innen blicken in den Brunnen in meinem Herzen. In den Brunnen, der so tief ist, dass das Licht sich in seiner Tiefe verliert. Ich werfe einen

Kiesel hinab und die Sekunden, die vergehen, bis der Schall zurückhallt erscheinen mir wie eine Ewigkeit.

Das vorbeitreibende gelbe Blatt des Ahorns gleitet durch das Schwarz. Dort unten, ganz tief, das Licht zu finden, ich hinabtauche.

Und darum laufe!

Der erste Lauf

Irgendwann, vielleicht in früher Jugend, gab es einen Lauf, den ich völlig aus mir heraus begann. Ohne eine Vorstellung von einem Nutzen, ohne Vorstellung von einem Zweck, dem dieser Lauf hätte dienen sollen. Es muss einmal den ersten völlig aus mir heraus motivierten Lauf gegeben haben. Das erste Mal. Die erste Begegnung mit der Freiheit. Ich lief los und eignete mir diesen Raum der Freiheit an. Im Spiel vielleicht, übermütig in der Entdeckung der eigenen Fähigkeit. Vielleicht als Form der Verarbeitung einer starken Emotion, als Ausdruck der reinen Freude an der Lebendigkeit, kindlich naiv.

Ich trage diese Freude hinüber in den heutigen Tag und laufe wieder und immer noch ohne eine äußere Motivation, völlig aus mir heraus. Das sind die wertvollen, goldenen Momente, in denen ich mich frei bewege. Und jetzt begegne ich einem Gedanken. Einer fantastischen Vorstellung. Ich stelle mir vor, dass es irgendwann einmal den allerersten Lauf eines Menschen überhaupt auf diesem Planeten gegeben hat, der völlig frei war von einer äußeren Motivation. Vor Millionen von Jahren vielleicht.

Ein früher Vorfahre lief los und erwarb sich die Freiheit, zu laufen. Gesättigt, vertrauend, unbedroht, ohne Wettstreit noch Konkurrenz. Vielleicht völlig unbewusst darin. Einem Spiele gleich, als Ausdruck des Vermögens, laufen zu können. Sich darin erfahrend. Kindlich naiv. Etwas war mit diesem ersten freien Lauf verändert. Etwas war unwiderruflich gewandelt. Die Bedeutung dieses Moments strahlt hinaus in das Universum. Und ich ziehe die Kraft dieses allerersten Laufes der Menschheitsgeschichte hinein in diesen einen Moment, in dem ich mich ohne Zweck, ohne Absicht bewege. Ich verbinde mich mit der geborgenen, vertrauenden Kraft der Freiheit.

Und darum laufe!

Wahrnehmung

Ein Hund knurrt mir auf meinem Weg entgegen. Ich laufe schnell und behalte meine Geschwindigkeit und Richtung bei. Ich gelange näher und er beginnt zu bellen. Instinktiv springe ich in die Höhe und schon bin ich an ihm vorbei. Er wird an seiner Leine zurückgezogen und bellt mir nach. Ich war so sehr in meine Gedanken vertieft, dass ich ihn nicht wahrgenommen habe. Seine Attacke war für mich völlig überraschend. Ich denke: *Wie kann ich unsichtbar werden? Wie kann ich arbeiten mit der Wahrnehmung des Hundes. Wie mich seiner Witterung entziehen?*

Das ist das Motiv: Sich entziehen. Ich gehe hinauf in die Höhe, in die ich versuchte zu springen. Dort oben also zu laufen, während mein Körper für den Hund unsichtbar wird, seiner Wahrnehmung entzogen ist. Und so stelle ich es mir vor: *Vor mir liegt eine unsichtbare Treppe. Sie führt in die Höhe. Ich nehme mehrere ihrer Stufen in einem Satz. Entkommen, entweichen, hinauf, hinauf.*

Und darum laufe!

Landkarte

Eben noch lag wie auf einer Landkarte ein jeder Lebensmoment vor mir ausgebreitet. Ein Überblick vollkommen ungetrübt, rein und klar. Zeitliche Dimensionen liegen auf ihr gleichwertig und gleichwürdig nebeneinander. Hier und dort verteilt liegt Zukünftiges und Vergangenes nebeneinander wie Fallobst unter einem Apfelbaum. An manchen Stellen liegt vieles übereinander, an anderen Stellen ist die Karte leer. Und, um sie zu fassen, um die auf ihr eingetragenen Ereignisse zu ertragen, stelle ich mir vor, diese Karte einzurollen, eng und fest. So eng, dass sie zu einem Stab wird, von der Länge meines Armes. *Ein aus sich selbst heraus leuchtender Stab in meiner Hand* – und mit einem Mal trete ich über eine riesige Schwelle und gelange in ein Zwischenreich. Ich bemerke hinübergetreten zu sein, ohne eine Frage, die ich beantwortet wissen will. Immer war dies der Grund für das Übertreten einer Schwelle. Für das Betreten des Zwischenreiches. Immer kam ich mit einer Frage und immer erhielt ich eine Antwort im Spiegel der Natur. Ich denke nach:

Welche Frage ist es, die mich in diesem Moment am meisten bewegt? Und bekomme in völliger Klarheit sofort die Frage eingegeben: *Welches ist die Kugel zu dem Stab in Deiner Rechten, die in Deiner Linken ruhen wird?* Ich wende mich um in Richtung der von mir übertretenen Schwelle und der fahl blasse Ball der Sonne sich über ihr erhebt.

Und darum laufe!

Sturz

Stolperst du, oder stürzt du in deinem Lauf, weil dein Fuß an einer Wurzel oder an einem Ast hängen bleibt, so ist dies nicht ein Ausdruck dafür, dass der Gedanke, den du gerade dachtest, falsch wäre. Der Sturz ist keine Folge davon, dass der Gedanke irrig wäre, unangemessen oder sogar ein Unrecht. Der Sturz ist nur ein Ausdruck dafür, dass du dich etwas zu tief in den Gedanken hineinbegeben hast.

Er verdeutlicht nur, dass du weit der Energie gefolgt bist, die dich erfüllt hat. Die Energie, die es ist, an der etwas ist. Die Energie, der du zu folgen hast.

Gehst du über eine Schwelle hinein in das Reich, in dem du zu Erkennen dich befähigst, weil du der Natur ein Gegenüber bist, so verharre mit einem Teil deines Bewusstseins in der Welt, die vor der Schwelle liegt. Erkenne die Wurzel, die auf deinen Fuß wartet. Das ist schon alles.

Und darum laufe!

Der Wandel

Tau, sich paarende Libellen, kühle Luft vor der aufziehenden Sonne des Morgens. Und nun die Definition dieses Raumes: *Wie lautet sie? Was ist dieser Raum wirklich?* In dir er ist, in dem anderen zudem, denn ein Mensch ohne DEN ANDEREN nicht ist, denn ein Mensch ohne DEN ANDEREN nicht wäre. Ein Mensch nicht aus sich selbst heraus geboren ist.

Der Raum, er ist in unseren Herzen. Von uns, für uns und füreinander. Er ist eröffnet für den sich in ihm vollziehenden Wandel. Der Wandel, der nun kommen mag. Ihn zu ermöglichen, ich diesen Schatz Heimtrage.

Und darum laufe!

Fünf Wege

EINER ist, an dem besonderen Baum, der auf der Gabelung des Weges steht, den rechten Weg zu wählen, der über des Baumes Wurzelwerk am Hang entlang sich schlängelt, um im Dickicht zu verschwinden.

DER ANDERE ist, an diesem Baum links abzubiegen, auf dem Weg also zu bleiben, um in den Hohlweg zu gelangen, der von Moos gesäumt mich birgt und leitet.

DER DRITTE ist, zu zögern, den einen oder den anderen Weg einzuschlagen. Im Zögern bereits liegt eine Entscheidung. Vielleicht sind die beiden erstgenannten Wege noch offen für eine Weile, vielleicht sind die Optionen noch gewahrt. Doch ganz sicher ist die Entscheidung, die dann folgt eine andere, als die unmittelbare Wahl. *Die Entscheidung ist bedacht.* Zu zögern sei hier völlig wertfrei als gleichwertiger und gleichwürdiger Weg genommen.

DER VIERTE WEG entsteht im Zögern erst. Er ist, im Innehalten, dem Innehalten etwas Unerwartetes abzugewinnen. *Eben noch bedachte ich die Entscheidung, jetzt bemerke ich des Baches Plätschern, das fiepen des Eisvogels dort unten am Ufer des Baches.* Der Eisvogel – ein fliegender Edelstein. Ich bin ganz vertieft in die Begegnung mit dem Naturwesen und gewinne eine völlig neue Sicht. Ich blicke mit den Augen des Eisvogels auf meine Frage, mein Sein, mein Leben. Ich sehe mich selbst durch seine Augen. Ich bin in diesem Moment, so flüchtig er auch sein mag, der Vogel selbst. Ich fühle wie dieser Vogel und kenne seine Weisheit und Magie. Das ist DER VIERTE WEG.

DER FÜNFTE WEG ist, umzukehren und nach Hause zu laufen, auf dem Weg, auf dem ich gekommen bin. Ich kehre zurück, zu dem, was zu tun ist. Zu meiner Aufgabe. Vielleicht konnte ich sie zuvor nicht erkennen, doch jetzt ist sie mir ganz klar. Die Aufgabe ist ganz naheliegend und sie zu erfüllen ist völlig ausreichend. Ich kann all meine Illusionen von dem, was mir angemessen sei, loslassen. Ein friedlicher Moment. *Ich kehre zurück nach Hause.* Das Zuhause liegt in meinem Herzen. Dorthin kehre ich zurück. Dort liegt die Antwort. Zu laufen ist, wenn ich es so betreibe, die Empfindungsfähigkeit wiederzuerlangen.

Und darum laufe!

Der Raum

Ein Raum, in dem ich mich bewege, den ich ausmesse mit meinen Schritten. Der wie ein Energiefeld mich umgibt. Ein Raum, der für die Spanne an Zeit, in der ich um ihn weiß, existiert. Der Raum mich fragt: *Wie bin ich beschaffen? Was macht mich aus? Was ist mein Wesen?*

Ich ihm nun sage: *Du bist völlig immateriell. Das Wesentliche an Dir ist die Veränderung, der Wandel, der sich in mir vollzieht, in dieser Spanne an Zeit, in der ich mich in Dir bewege. Ich wandele mich mit diesem Lauf, finde zurück in alte Kraft oder empfinde Stärkung durch die reine Bewegung meiner selbst.*

Die Veränderung auf geistiger Ebene tritt hier noch dazu. In meinen feinen Körpern setzt ebenso eine Veränderung ein. Sie ist bewirkt durch ein Durchdenken, ein Durchempfinden. Das Loslassen und Wiedererrichten einer inneren Harmonie, ist das sich wiederholende Muster, dem ich folge. Atemzug um Atemzug.

Der Mut loszulaufen, in dem Wissen um die Veränderung, um den Wandel, ist heroisch. Ich bin nicht gedrängt oder getrieben. Der Mut speist sich aus dem Vertrauen in den Wandel, der sich in mir vollziehen wird. Aus dem Vertrauen darin, dass der Wandel das Wesentliche ist am Sein. Der Wandel ist die SACHE-AN-SICH.

Der Wandel betrifft mich. Ich werde durch den Wandel hindurchgehen. Das, was ich als ICH bezeichne, mag sich in dem Wandel auflösen, um zu etwas anderem zu werden. Das, was ich als ICH bezeichne, mag sich in dem Wandel auflösen, um zum NICHT-ICH zu werden. Das NICHT-ICH ist nah dem NICHTS, ganz still und strahlend, warm und weich. Ein Tropfen einer Essenz, auf dem Weg in den Ozean, der reine Essenz ist.

Auf die spiegelglatte Oberfläche des Ozeans wird der Tropfen prallen. Er wird hinauf geschleudert werden von der Oberflächenspannung und einen Trampolinsprung vollziehen. Schockwellen in die Unendlichkeit hinaus wird dieser Aufprall aussenden.

Von dem Ozean angezogen, wird dieser Tropfen endlich in ihm aufgehen. Die aus der Unendlichkeit, unendlich fein gemilderten Wellen des Aufpralls kehren zurück und bilden, aus allen Richtungen kommend, Strukturen und Muster einer vollendeten Harmonie.

Das ist, was bleibt und zugleich schon nicht mehr ist.

Und darum Laufe!

Ein Gruß

Hinauszublicken, aus dem goldenen Fahrzeug, über das Lenkrad hinweg, auf den staubigen Weg, einer langen Reihe von Menschen entgegen. Sie zu grüßen, zu lächeln, zu segnen, um zu bemerken – *ein jeder von ihnen, der mit begeistert strahlenden Augen mir entgegenlächelt, bin ich!*

Das ICH in Tausenden Formen, in Tausenden von Momenten. Hier abgebildet im Defilee. Einem jeden dieser Tausenden ICH-ZUSTÄNDE, bin ich selbst mein eigener, in diesem Fahrzeug vorbeigleitender Bezugspunkt. Diesem Menschen in dem goldenen Fahrzeug bin ich zugleich das ihm entgegentretende Wesen, welches in diesem Moment völlig da, völlig anwesend ist. Ich sehe aus Tausenden Perspektiven. Ich sehe alles, ich fühle alles, ich empfinde alles, was an Empfindung hier sich erhebt. In dieser heiteren Ironie, in diesem Spiel des Seins.

Und darum laufe!

Krankheit

Ein langer Lauf führt mich in den Zustand der Schwäche. Die Schwäche, die ganz nah der Krankheit sich befindet. Ich erschöpfe mich. Ich schwäche mich ganz bewusst. Das Wesen der Krankheit tritt zutage: *Sie ist eine Zeit der Reduktion. Das viele an Illusion reduziert sich über die Einengung der Wahrnehmung, die nun auf den Schmerz gerichtet ist.*

Ich benötige diese Zeit. In sie tritt die Wahrheit ein. Eine Begegnung mit einem Naturwesen, eine Pflanze, eine Wolke am Himmel, das Wasser. Ich bin wie betäubt und durch meine schweratmende Schwäche genötigt, hinabzublicken. Der in die Ruhe gezwungene Moment ist das Portal, durch das die Erkenntnis mir entgegentritt.

Und das Naturwesen offenbart sich. Ich erkenne es in seiner Tiefe, ich verstehe vollkommen, was dieses Naturwesen ausmacht. Zudem verstehe ich seine Botschaft und die Bedeutung der Botschaft für mich in diesem, von der Krankheit dominierten Moment. Denn nur dieses Wesen, nur dieser Aspekt des Wesens ist in der Lage mir in diesem Moment eine Information zu übermitteln, die für mich von Wert ist.

Eine Information, die – ist sie einmal vollkommen angenommen – den Raum öffnet für die Genesung. Denn ich gelange zurück in den Zustand der Harmonie, über die Arbeit an meinem Bewusstsein. Ein bewusstes Eintreten – denn genau dies ist das Laufen in dem Wald für mich – in diesen Zustand der Krankheit, erlöst die Unwahrheit in mir. Die Unwahrheit, die anderenfalls in drängenderer Form, zwingender mich binden müsste.

Wir sprechen davon, *an das Bett gefesselt zu sein.* Durch den Körper gehe ich hindurch, immer und immer wieder. Ich kann der Krankheit mit Wertschätzung begegnen.

Und darum laufe!

Zu springen

Zu ermüden an dem Scheitern, an der sich nicht wandelnden Form, an der Bedingtheit. Denn durch sie hindurchzugehen überfordert die eigenen Kräfte. Und so ist alle Kraft hineingesteckt in das Aufrechterhalten dieser Form.

Eine leichte Ahnung davon, wie ein silbriger Schimmer, was das Leben sein könnte an Freiheit, an Erfüllung, an Glück – eine leichte Ahnung davon ist dort zu erkennen, in der Mitte des brennenden Rings, durch den hindurchzuspringen ich Jahre schon zögere. Weiß ich doch, es gibt nur diesen Weg.

Das Feuer wird mich versehren, erst Haut und Haare versengen. Es wird mich verkohlen wie ein Stück Holz, schließlich in mir erlösen, was an geneigter Körperhaltung, an erschlaffter Körperform sich über Jahre hin manifestierte. Ein freier Körper auch wird dort auf der anderen Seite auf mich warten. Er ist mir versprochen. Und dies der Trost: *Der Ring aus Feuer, aus ihm heraus blicken mich meine Ahnen an.*

Ihre Augen leuchten mir aus den Flammen heraus entgegen. Erkennen kann ich sie erst, wenn ich gesprungen bin.

In ihren Augen strahlt ihre Güte, ihre Wärme, ihr Mitgefühl und ihr Vertrauen in mich. Ihr Verständnis zudem und ihre Liebe. Und so erlöst sich der ganze Schrecken dieses Spieles. Die Logik ist erkannt. Doch zu springen ich habe, hinein in dieses Feuer.

Und darum laufe!

Überholen

Lass dich überholen, an einem der ersten sonnigen Frühjahrstage, der so viele Menschen hineinlockt in den Wald. Vor mir und hinter mir auf meinem Weg. Gewähre ihnen Raum und lass ihnen die Freiheit, dich zu grüßen – langsam, wie du bist. Sei langsam und leicht, sodass sie sich annähern können. Sodass sie dich sehen können wie ein dahinziehendes Schiff. Du hörst sie reden oder schnaufen. Lauf ein wenig an den Rand des Weges, schon sind sie vorbei.

Und darum laufe!

Zu lauschen

Zu lauschen – eine Stunde an dem rauschenden Wasser des Baches, an der Kaskade, es mich wandelt, meinen Atem, die Körpertemperatur, den Klang in meinem Ohr, wie abgestreift. Wie ein Gewand, welches hinabsinkt, um im Wasser sich aufzulösen.

Zu lauschen – eine weitere Stunde an dem rauschenden Wasser, der Kaskade, es mich wandelt, mein selbst bewegt, es flüssig und weich werden lässt, darin stark und strömend um jedes Hindernis herum, unfassbar und rein.

Zu lauschen – eine dritte Stunde an dem rauschenden Wasser des Baches, an der Kaskade, es mich wandelt, so wie jede Beziehung, zu einem anderen Menschen sich nun wandelt, als würde der Bach auf diesen Menschen zuströmen, von hieraus.

Zu lauschen – eine vierte Stunde an dem rauschenden Wasser des Baches, an der Kaskade, es den Bach selbst nun wandelt, der Bach von hieran ein völlig anderer ist, beseelt von mir mit Gedanken, Worten und Gefühl.

Zu lauschen – eine fünfte Stunde an dem rauschenden Wasser des Baches, an der Kaskade, es mich vereint mit dem Bach und keine Sicht mehr auf die Sache es geben kann, weil die Sache es ist, weil ich es bin.

Und darum laufe!

Geborgenheit

Eben noch war ich gehalten in der mich umgebenden Vielfalt. In dem Dunst des Morgens, dem Klang und seinem Sinn. In dem Gefühl, dass ein jedes Blatt an seinem Ort. Dass ein von mir Wahrzunehmendes Ausdruck einer Harmonie sei – *Geborgenheit darin.*

Nun ich es bin, dem aufgetragen ist, zu sorgen für das Blatt, für den Dunst und auch den Klang. Der Sinn, er sei in mir zuerst erschaffen, um nun hinauszuströmen, in das Wasser, in die Kaskade, der Kaskade Rauschen, in den aufsteigenden Dunst, den Morgen überhaupt.

Und darum laufe!

Ein Haar

Ich gelange zu einem besonderen Ort. Ein Felsen erhebt sich über den Bach, der sich sanft um diesen Felsen schlängelt. Der Felsen hat die Form des Kopfes eines ausgewachsenen Blauwals und ich stelle mir vor, wie der Körper des in Stein erstarrten Tieres über viele Meter in die Tiefe der Erde reicht. Es ist der Moment, in dem der Wal die Wasseroberfläche durchstößt, um alsbald mit seinem riesigen Körper auf sie niederzuschlagen.

Umgestürzte Bäume rahmen diesen Ort. Ein Durchgang durch die rahmende Barriere und schon bin ich da. Der Ort wirkt auf mich geradezu profan, gemessen an der inneren Erwartung und dem Moment, in dem ich ihn betrat. In dem Moment des Überschreitens der Barriere vollzog ich eine innere Handlung, eine Art Ritual, eine innere Verneigung. Und ich denke:

Die Schwelle, die zwischen dem EINEN *und dem* ANDEREN *liegt, ist ein heiliger Ort.*

Die Schwelle selbst ist dieser Ort, ganz innerlich. Und diese Schwelle ist unendlich klein, sie ist die Grenze zwischen DIESEM und JENEM. Sie ist so unendlich fein, dass ich sie kaum lokalisieren kann. In dem einen Schritt war sie erfahren. Ihre Kraft ist so ungeheuerlich groß, so wie sie selbst fein ist, wie ein hundertfach gespaltenes Haar.

Und darum laufe!

Annahme

Nun stelle dir vor, dies alles, in allen seinen Ausformungen, in Wandel, Blüte und Vergehen, es sei erschaffen – nur für dich. Es sei erschaffen für deine von dir selbst zu realisierende Veränderung. Für deine Entwicklung, dein Wachstum. Wachstum an der Sache, an dem, was ist.

Mögen sie auch als schmerzen, die Bedingungen – diese Vorstellung ist trotz allem möglich. Keine Zufälligkeit darin, kein Umweg, alles voll Sinn und darin folgerichtig.

Der Kleiber im grauen Kleid, der sich nah mir zeigt mit

orangener Brust, kopfüber am Stamm. Der Graureiher im Bache, mit orangenem Schnabel, in gespannter Konzentration. Ein Meister des Lauerns, unbeirrt von meiner Erscheinung.

Wenn dies alles also nur für mich erschaffen ist, und noch viel mehr, weit darüber hinaus, für mich – wie sollte ich es aushalten können, ohne eine Annahme meiner selbst? Wert und Unwert von dem was ist, von allem, entsteht in meiner Haltung mir selbst gegenüber.

Das EINE ist, dass ohne eine tiefe Selbstliebe dies zu ertragen unmöglich ist. Das ANDERE ist, dass diese Vorstellung zu erheben, den Moment der tiefen Selbstannahme und Selbstliebe erschaffen muß.

Darin verbirgt sich dieser Vorstellung tieferer Wert. Die Annahme von dem was ist. Sie ist der Anfang eines Weges. *Wer weiß, wohin er führt?*

Und darum laufe!

Gefängnis

Ein mich begrenzender Raum. Wände, ungeschmückt. Um mich herum, so eng, dass ich gerade meine Arme ausbreiten kann, ohne sie zu berühren. Ich betrachte die Strukturen, weiße Wandfarbe, abgeblättert und wieder übermalt.

Ein mich begrenzender Raum, und doch bin ich frei in ihm, in meinem Gefängnis, wenn ich ohne Ziel, ohne Absicht, empfänglich bin, der reine Atem.

In dem Wald, ein mich begrenzender Raum, sind es auch zehntausend Meter, die ich hier laufe in meinem Plan. Er ein Gefängnis mir ist, dieser Raum. Ich betrachte die Strukturen, Kiesel und Steine, verrottete Blätter, in Schlamm und Spur zerdrückt.

Und doch bin ich frei in ihm, in meinem Gefängnis, wenn ich ohne Ziel, ohne Absicht, empfänglich bin, der reine Atem.

Und darum laufe!

Stille

Stille in der Stille. Ich sehe ein Bild von einer runden Form, in die eine Flüssigkeit einströmt, um in ihr durch die spiegelnde Oberfläche einzugehen, ohne dabei Wellen zu erzeugen.

Und wenn Wellen, dann sind sie ganz zäh und langsam und erzeugt, nur um zu zeigen, dass es ein Einströmen einer Substanz in eine andere ist. *Es ist Stille, in eine Stille einströmend.* Ein Bonbon gefüllt mit einer weichen Masse, in die wiederum eine andersartige weiche Masse hineinströmt, geschmacklich und in ihrer Farbe von der ersten unterschiedlich. Und doch ist sie aus derselben Substanz. Eine weiche Masse, nahrhaft, wärmend, hell und Süß. Um die Zähne ist sich nicht zu sorgen, unbefleckt bleiben die Windungen des Gehirns. Stille in der Stille, als würde nicht das Bonbon im Mund zergehen, sondern das Gehirn in der Substanz.

Und darum laufe!

Das Fenster

Ich ruhe hier in meinem Gefängnis. Ein Fenster zu öffnen, ist mir trotz allem möglich. Ich offne den Flügel und die kalte Luft strömt herein. Es ist dieselbe Luft, die andere atmen. Menschen mit denen ich verbunden bin. So weit sie auch von mir entfernt sind. Ich bin mit ihnen verbunden über Gefühl und Geist, mit dem Herzen und meiner Seele.

Die kalte Luft, sie ist auch die Luft der Menschen in der Ferne. Sie ist auch die Luft der Ahnen. Die Luft der Ahnen, die sie atmeten vor Hunderten von Jahren.

Die Luft strömt herein und durch mich hindurch. Ich lasse sie los und sie strömt durch dieses Fenster wieder heraus.

Und darum laufe!

Dekompression

Ein wenig ist es so, als wäre ich ein Taucher im Meer. Die Spannung, die ich in mir aufbaue, entspricht dem Druck der Wassertiefe, in der ich mich befinde.

Und nun laufe ich los und steige langsam auf, hinauf an die Wasseroberfläche. Der Druck der Umgebung lässt nach und ich bin in der Not meinen inneren Druck anzupassen. Die Dekompressionszeiten sind ganz von dem Moment abhängig und variieren von Lauf zu Lauf. Mal gelingt es mir, mich anzupassen, und mein Bauch ist ganz weich. Ich atme tief über den Bauch hinaus, in meine Beine, in die Füße und die Zehen. Ich bin in diesen guten Momenten vollständig angepasst und bin aufnahmefähig für die feinen Impulse meiner Umgebung. Die Impulse der Bäume, der Tiere des Waldes.

Ein anderes Mal gelingt es mir nicht und ich laufe mit einem großen inneren Druck in einer Umgebung, die ohne Druck ist. Hier hilft die Zeit. Mein Atemspiegel ist niedrig und ich kann trotz allem darauf vertrauen, nach einer Stunde des Laufens den inneren Druck losgelassen zu haben.

Ist dort eine Übereinstimmung von Umgebung und Innerlichkeit, in Bezug auf die Druckverhältnisse, so ist es gewiss so, dass ich nicht nur die reine Luft atme.

Ich bin dann eine hauchdünne Oberfläche, eine Körperhülle, völlig durchlässig und leicht. Es gibt keine inneren Organe, keine Sehnen, keine Bänder oder Knochen. Und so atme ich das Schlagen des Spechtes, die Vibration seiner Trommelwirbel.

Ich atme den Tau des Morgens und das Licht der aufgehen-

den Sonne. Ich atme die silbrigen Fäden über den Wiesen und das Rot des Abendhimmels.

Und darum laufe!

3. Transparenz und Eingebundenheit

Vor dem Bewusstsein

Worte, die durch mich hindurchgehen. *Wortketten, Sätze, Erzählungen.* Worte, die in mich eindringen, deren Ursprung im Außen liegt und andere, die in mir entstehen.

Wortketten, Sätze, Erzählungen. Worte, gebunden an Empfindungen. Dann Gefühle, die sich in Worte kleiden und darin vollends wahr sind. Gefühle, die in völliger Übereinstimmung mit den Worten sind. Eine Trennung ist nicht möglich oder notwendig.

Wortketten, Sätze, Erzählungen. Manche der Worte fallen wie Laub von einem Baum an einem sonnigen Herbsttag. Das ist ihre Bestimmung und Ausdruck des steten Wandels, der Veränderung und der Eingebundenheit in die großen Zyklen des Seins.

Ihr Fallen folgt der Reifung. Ohne Licht keine Reifung. Ein Herbst, der auf den Sommer folgt. Die Zeit der Ernte. Darin Blätter im segelnden Flug, je nach Form, im Spiel mit dem Wind. Ganz individuell.

Wortketten, Sätze, Erzählungen. Ein gelber Ozean, ein Leuchten darin. Ein jedes Blatt eine Erfahrung. Ein jedes Wort eine Erfahrung. Darin beschattete Worte, die in mir kreisen. Worte, die nicht zur Ruhe gelangen. Sie hinabzudrücken gelingt mir nicht. Nur wenn ich durchlässig werde, gleiten auch sie hinab. Nur wenn ich mit Ihnen auch von dem Gefühl loslasse, an welches sie gebunden sind, gleiten sie hinab. Bis ich leer bin, völlig leer. Ich bin nicht gefühllos, auch wenn es so erscheinen mag. Ich bin voller Mitgefühl, in dieser Leere.

Ich habe vergessen. Ich erahne, in den Momenten der Leere, dass es eine wortlose Zeit gab. Eine Zeit ohne Beschreibung. Eine Zeit vor dem Bewusstsein, in der es kein Vergessen gab.

Und darum laufe!

Die Ahnen

So wie ich nun blicke auf die fahle Spiegelung der Bäume in der Oberfläche der Pfützen auf meinem Weg, so wie die Wassertropfen des Regens im frühen Jahr darin ihre Kreise ziehen und wieder vergehen, so wie der Regen Stille, Zeit und Ruhe in meine Seele gießt, genauso meine Ahnen blickten, hinabgewandt, durchnässt und regungslos dabei.

Und darum laufe!

Einfachheit

Von der Einfachheit will ich schreiben. Dann von dem einen Schritt hinein in den Raum, der offen ist, offen war und immer offen sein wird für alle Zeit, für jeden Menschen.

Kein Rang, kein Reichtum, kein Talent, keine Berufung, nichts von dem, was unter Menschen gilt, ist hierin von Belang. Mehr noch ist doch dem Menschen aufgetragen, alles abzulegen, bloß zu sein, nackt und bar. Einfach in seiner tiefsten Form, befreit von alledem, von Masken, Mode und Geschmack. Jederzeit, an jedem Ort, jedem Menschen nah ist dieser Raum.

Und dieser eine Schritt, er ist nach innen und nach außen zugleich gesetzt. Das ICH, es ist die in beide Richtungen spiegelnde Luftschicht, die mit diesem einen Schritt durchdrungen ist. *Hier also tritt der Mensch heraus und herein zugleich, den Raum zu weiten, in sich und um sich herum.*

Und darum laufe!

Selbstvergewisserung

Ich versichere mich mit jedem Lauf, ein Waldläufer zu sein – *es wieder zu sein, nach der Spanne an Zeit, die vergangen ist, seit dem letzten Lauf.*

Der letzte Lauf, er hätte der Letzte überhaupt sein können. Und so wird es einmal sein. Eine Gewissheit, die auch etwas Friedliches, etwas Befriedendes hat. Es wird den letzten Lauf geben, doch bis dahin ist alles Geschenk, alles Spiel und leicht. Ein Erleben, ein Erfahren. Ich erstaune und nehme es, wie es ist. Ganz so, wie es sein soll, wie es sich ergibt. Für jetzt ist alles gut.

Und darum laufe!

Ich wundere mich

Ich wundere mich über Tausende Würmer, in Höhlen, tief unter der Erde, die aus sich heraus leuchten. Am Gestein festgesponnen. Ein Sternenzelt im Herzen unserer Erde. In mir ein Staunen über das Universum an Lichtpunkten dieser lockenden Lebewesen, um selbst zu einem dieser Lebewesen zu werden.

Ich wundere mich über eine Landschaft, die sich friedlich vor mir öffnet. Hügel, Wiesen, Felder, ein großer Baum. Der Nebel des Morgens über dem Fluss. In mir ein Staunen über das Wesen der Seele dieser Landschaft, um selbst zu dieser Landschaft zu werden.

Ich wundere mich über ein Feuer, das züngelnde Spiel der Flammen. Über die verzehrende Kraft. Der Funken Flug im Dunkel der Nacht. In mir ein Staunen über die Wärme, die in mich dringt, um selbst zu diesem Feuer zu werden.

Ich wundere mich über einen Menschen, sichtbar und wirklich in seiner Eigenart. Gesten und Worte in Übereinstimmung mit seiner Erscheinung. In mir ein Staunen über den Mut seines Glaubens an sich selbst, um selbst zu diesem Menschen zu werden.

Und darum laufe!

Als junger Mann

Schritt um Schritt bedenke ich:

Als junger Mann hatte ich das Feuer nicht, das mich nun heilt, von dem ich nun weiß. Es steht mir immer zur Verfügung, um meine Augen an ihm zu heilen. Ich kann darin vertrauen, ein Feuer machen zu können, ganz gleich, was sein wird. Ich kann mich daran wärmen und andere einladen. Ich muss es nur entzünden. Ein wenig Holz, ein Funke – das genügt.

Als junger Mann hatte ich die Stimme nicht, die mich nun heilt, von der ich nun weiß. Sie steht mir immer zur Verfügung, um meine Seele zu heilen. Ich kann darin vertrauen, singen zu können, ganz gleich, was sein wird. Ich kann mich an dem Gesang erfreuen und andere einladen. Ich muss die Stimme nur erheben. Ein wenig Atem, ein Lied in meinem Herzen – das genügt.

Als junger Mann hatte ich die Hände nicht, die mich nun heilen, von denen ich nun weiß. Sie stehen mir immer zur Verfügung, um meine Furcht zu heilen. Ich kann darin vertrauen, mich umarmen zu können, ganz gleich, was sein wird. Ich kann meinen Kopf in ihnen bergen. Ich muss sie nur wahrnehmen. Ein wenig Fürsorge, dieser Moment – das genügt.

Und darum Laufe!

Das Wohltuende

Wer spricht zu mir? Baum, Strauch oder Stein? Irgendwann, von dieser Frage erregt, war Freude in meinem Herzen. Es dauerte eine Weile bis dahin. Dann war es mit einem Mal da. Etwas in mir wurde dieser Frage gegenüber gleichgültig.

Auch von dieser Frage bist Du frei! klang es in mir. Das Wohltuende daran ist mir vertraut. Wer es ist, der zu mir spricht, bleibt ohne Belang.

Ich vertraue darin, es SELBST zu sein und darin meiner Vorstellung von mir selbst zu entsprechen. Eine große Schöpferkraft liegt darin. Ich erschaffe mich selbst. Und niemals blind. Denn auch dunkle Gedanken stellen sich ein. Ich lasse sie fallen auf meinem Weg, wie ein Blatt in dem Herbstlaub, welches golden mich umgibt.

Und darum laufe!

Das Anhaften

Eben noch gestört von etwas, irritiert und umgewendet, nun ich es vermisse. Der Stille nun, den Nachhall gegenüberstelle. Die Stille nicht sein lassen kann, war doch die Störung, die Umwendung zu groß, fast vollkommen. In ihr ein kleines Licht des Ahnens: *Sie auszuhalten, ist ein Weg, sie durch mich hindurch gehen zu lassen ist ein Weg.*

Doch eben Ahnung nur. Noch nicht verwirklicht. In jeder Grenzerfahrung eine Chance liegt. Die Chance, zu erfahren, dass ich selbst es bin, der diesen Grenzstrich zieht, ein ums andere Mal. Ich selbst es bin, der korrigiert. Ein ums andere Mal. Von der Schöpferkraft zu ahnen, nur dort draußen mir gelingt. *Hinaus zu gehen,* es also ist.

Und darum laufe!

Die Erzählung

Das Angenehme, das mich umgibt. Das Angenehme, welches mich erfreut, mich nährt, mich erfüllt, es verdeckt den Blick auf das Tor. Auf das Portal, auf den Durchgang.

Im Herzen weiß ich, ich suche dieses Portal. Ich suche, was an Herausforderungen hinter dem Portal wartet. Mehr als alles andere. Denn ich bin ein Mensch. Und das Angenehme, mich Umschmeichelnde, es wird mir fad mit der Zeit. Ich werde träge, bequem und ängstlich. Auch wenn ich es nur erahne, im Moment der größten Gefahr bin ich schlecht vorbereitet, ungeübt, ohne Erfahrung, ohne Erkenntnis. Ich kann dem Drachen, der sich mir entgegenstellt, keine Geschichte erzählen. Ich habe keine Geschichte erlebt, die des Erzählens würdig wäre. Das wird mich in der Begegnung mit dem Drachen schwächen.

Genau das ahne ich bereits heute, umgeben von dem Angenehmen, im Genuss von Annehmlichkeiten, umsorgt, umschmeichelt und geborgen. Der Drache wittert meine Angst, er spürt darüber hinaus, wie groß meine Kraft ist. Ihm eine Geschichte erzählen zu können wäre eine Option. Die Geschichte würde ihn innehalten lassen, vielleicht sogar verunsichern. Im Erzählen bin ich aktiv. Ich spinne die Fäden, ich halte sie in der Hand. Ich entwickle den Handlungsstrang meiner Erzählung. Er wird verstehen: *Das ist kein Opfer.*

Er wird erkennen, dass er achtsam mir begegnen muss. Wir sind einander ebenbürtig. Das Gespräch führen wir auf Augenhöhe. Mehr kann ich in dieser Situation nicht erwarten. *Das Wesen der Angst ist also, in dem Gespräch mit dem Drachen, nichts anbieten zu können. Es ist die Angst, ängstlich zu sein.* Ich überliste den Drachen nicht, auch wenn ich es könnte. Die Reichtümer sind sein Geschenk an mich.

Und darum laufe!

Zugleich

Wenn du läufst, kann es sein, dass du nach dem Moment der Einheit suchst. Oder du wartest auf eine Erkenntnis. Vielleicht erhoffst du dir Erhabenheit, die Erfrischung des Geistes oder die Erleuchtung.

Die Erleuchtung soll sich einstellen. Dort hinter dem nächsten Ast, hinter der Biegung des Weges, in dem Anstieg den Berg hinauf. In der Tierbegegnung der Nacht, in dem Schrei der Eule, dem Schatten des Wolfes auf der Wegkreuzung.

Doch dort ist sie nicht. Sie hat schon längst begonnen. Viel früher schon. Sie erscheint mit dem Entschluss: *Ich werde laufen.* Im Ankleiden bereits bist Du mittendrin. Doch auch davor schon war die Erleuchtung am Werk. Die Erleuchtung nimmt ihren Anfang mit dem ersten Atemzug des blutverschmierten Kindes und sie endet mit dem letzten tiefen Ausatmen der Substanz. Mehr noch: *Weit davor und weit danach liegt das Reich ihrer Wirksamkeit.*

Das Leben, ein einziger währender Höhepunkt. Es ist eine Spanne an Zeit und der Moment zugleich. Von hier betrachtet, integrierst du alles, dein ganzes Leben. Jedes Missgeschick, jedes noch so große Hindernis. Reue und Scham. Freud und Leid. Scheitern und Erfolg.

Und darum laufe!

Der heilige Ort

Ich gelange an einen besonderen Ort. Ich kann nicht benennen, was diesen Ort von anderen Orten abhebt. Doch ich kann mit Bestimmtheit sagen, dass dieser Ort auf mich besonders anziehend wirkt.

Ich bleibe stehen und verweile einen Augenblick. Ich vollziehe eine Geste mit einer Hand oder beiden als Ausdruck der Würdigung von dem, was ich wahrnehmen, jedoch nicht benennen kann. Ich kann mir vorstellen, einmal an diesen Ort zurückzukehren, um genau dem zu begegnen, was ich wahrnehmen, jedoch nicht benennen kann.

An diesem Ort ist der Zugang zu dem Unbenennbaren möglich. Es kräftigt mich. Vielleicht bemerken andere Menschen Ähnliches an diesem Ort. Ich sehe an den Spuren, dass auch andere Menschen diesen Ort besuchen. Der Pfad weitet sich hier. Spuren sind auf den bemoosten Wurzeln der rahmenden Bäume zu sehen. Ich versuche, mich so behutsam wie möglich zu verhalten. Kein Zeichen meiner Anwesenheit soll den Ort belasten. Kein Stein auf dem anderen, kein Altar, kein Zeichen soll hier verbleiben.

Der Ort gehört sich selbst, er braucht keinen Eingriff von mir, von irgendjemandem.

In mir errichte ich einen Form- und gestaltlosen Altar aus reiner Energie. Und trage ihn mit mir fort. Das genügt.

Und darum laufe!

Der Wald

Ich laufe durch den Wald, ... und so, wie ich es jetzt schreibe, habe ich es bereits hundert Mal geschrieben. Dabei wird mir der Begriff WALD immer fraglicher. Er ist eine Konstruktion, eine Vorstellung nur. Es ist eine Vereinbarung, dass wir WALD schreiben, wenn wir etwas meinen, von dem wir glauben, es würde ungefähr so verstanden, wie wir es meinen.

Ich schaue genau hin und sehe einen Baum, einen Weiteren. Ich sehe einen Mistkäfer, einen Abendsegler. Ich sehe Farne, Wasser in Pfützen, die feucht dampfenden Schwaden, die in den Bäumen festhängen. Ich bemerke, dass meine Erfahrungen mit dem Wald sich wandeln. Der Ort, im Grunde alles an ihm, bleibt unfassbar und doch verwende ich diesen Begriff. Alle anderen Begriffe werden über diesen Gedanken hinaus ebenso fraglich.

Entscheidend ist für mich dabei im Grunde nur, dass aus der gewandelten Erfahrung, der neuen Erfahrung mit dem WALD, die Befragung des Begriffes entsteht.

Neu sehen, Neues versuchen, es kann ein Vorsatz sein. Er kann heiter betrieben sein, freudig und voll Liebe. Nichts ist fest, alles ist beweglich und weich.

Und darum laufe!

Vollmond

Ich wache auf in der Nacht. Das Licht des Vollmonds tritt durch ein Fenster in mein Zimmer. Es blendet bläulich und der Schlaf ist wie verflogen. Eine Weile versuche ich, wieder einzuschlafen, doch es ist vergebens.

Kein Wenden oder Drehen, das Licht ist in mich eingedrungen und so kleide ich mich an und laufe los. Es ist die frühe Nacht, der Morgen ist noch fern. Der Weg ist beschienen, das Licht ist mir vertraut. Ganz still ist es um mich herum. Ein Rascheln hier und dort, der Bach tönt leise, doch mehr ist nicht zu hören. Ich lausche meinem Atem und den Schritten auf dem silbrigen Weg. So geht es eine Weile und ich weiß nicht mehr, wo ich bin.

Alles bleibt vertraut, doch so, wie ich den Wald jetzt sehe, ist er mir völlig unbekannt. Der Weg führt hinauf und hinab. Er windet sich und ich finde mich an einer Wegkreuzung wieder, an der sich der Mond ganz unverdeckt zeigt. Ein kleiner Platz mitten im Wald. Nie zuvor bin ich hier gewesen, dabei kenne ich den Wald und seine Wege doch ganz genau. Bäume säumen diese Kreuzung – Kiefern, Fichten und Lärchen.

Ein Baum überragt alle anderen. Er ist deutlich älter, sein Stamm mehr als doppelt so dick, wie die Stämme der ihn umgebenden Bäume. Ich schätze das Alter des Baumes und lege dabei meine Hand an seinen Stamm. *Vielleicht 200 Jahre, oder mehr, ...* denke ich. Ich atme tief und ruhe aus.

Mein Blick wandert nach unten zu den Wurzeln des Baumes. Dort sehe ich etwas silbrig schimmern. Das Licht des

Mondes spiegelt sich. *Dort ist etwas*, es bewegt sich.

Ich blicke, ohne meine Hand vom Stamm zu lassen: *Ein Salamander!* Schwarze Haut mit gelben Flecken. Auf seinem Weg durch die Nacht begegnen wir einander.

Du kannst den Baum etwas fragen, höre ich in mir eine Stimme sprechen. Die Stimme ist deutlich und klar. Es ist die Stimme des Salamanders: *Befrage den Baum, er wird Dir antworten!* Und so frage ich, als würde ich schlafen, ohne Furcht und ohne ein Bedenken:

Warum? Warum das alles? Das Werden, das Vergehen, das Strömen? Das Begehren, das sich wehren? Warum die Hindernisse, die Bedürftigkeit, das Sehnen und das Scheitern? Bitte sage mir, warum?

Und der Baum lässt vor meinem inneren Auge ein Bild von gewaltiger Größe, in völliger Klarheit erscheinen. Ich sehe Strukturen, Polygone in Grüntönen gefärbt. Eine Oberfläche, ein gewaltiger Schleier. Bewegt, unfassbar und vielgestaltig.

Auf diesen Schleier ist das ganze von mir erfahrene Sein projiziert. Alles, was war. Alles, was ist. Meine Herkunft, mein Ursprung und auch meine Zukunft. Zudem das Sein der gesamten Menschheit, der Schöpfung überhaupt. Und neben diesem Schleier ist dort NICHTS. Er ist sein eigener Zweck.

Was auf ihm zu sehen ist – es ist aus sich selbst heraus projiziert. Es gibt keine Lichtquelle außerhalb, keine Optik, keinen Raum. Der Schleier ist alles. Erschöpfend darin und hinter ihm nichts, was er verhüllen würde.

So also antwortet der Baum, denke ich. Und ich danke

dem Baum und dem Salamander, die hier auf mich gewartet haben. Ich fühle mich leicht und heiter. Hiervon zu künden, treibt mich heim.

Und darum laufe!

Regentropfen

Im Wald die Regentropfen leise fallen. Eine Wasserfläche fängt meinen Sinn. Kreise sanft sich ziehen. Kleine, von Zeit zu Zeit ein etwas Größerer. Die Wellen nun im Kreise sich ausbreiten und einander begegnen.

Es ist ein feines Spiel. Es ist ein Ebenmaß darin. Und es ist alles voller Sinn. Der Bäume Schatten liegt leicht bewegt auf dieser Fläche. Es ist ein Blick hinab und hinauf zugleich. Ich erinnere, schon oft genau so geblickt zu haben. Schon oft geborgen mich gefühlt zu haben, in dem Spiel der Wellenberge. Und kein Tropfen stört die Harmonie, kein fehlgesetzter Kreis. Alles mit Bedacht, von sanfter Hand geführt.

Kein einziger Tropfen ohne Sinn.

Und darum laufe!

Apollonia

Nach langem Lauf setze ich mich, um auszuruhen. Eine Quelle entspringt an diesem Ort. Ich trinke von ihr und hole Atem. Das stete Plätschern des frischen Wassers, es ist ungeschöpft, bis auf diese zwei Handvoll, die ich zu mir nehme.

Und so verfolge ich den Lauf des Wassers, die in der Luft bewegte Form, die sich stet wandelt, doch nie aus ihrem Rahmen springt. Mit einem Male bemerke ich eine zarte Blume. Ein Schneeglöckchen, grün und weiß. Ich blicke sie an und neige mich zu ihr hinab. Und die Blume spricht zu mir:

Hast Du eine Frage an mich? Ich werde sie Dir beantworten. Ich denke nicht darüber nach, was ich fragen könnte, denn eine Frage war in mir, bevor das Schneeglöckchen zu sprechen begann:

Gibt es einen freien Willen? Hier, anderenorts, an einem Fleck in diesem Universum?

Und das Schneeglöckchen antwortet: *Ich bin reiner, freier Wille. Alles an mir ist freier Wille. Es war mein freier Wille, zu sein, zu werden und zu vergehen. In dieser Form, zu dieser Zeit, an diesem Ort.*

Ich bin sprachlos. Ergriffen, in der Tiefe meiner Seele. Ich drücke meine Dankbarkeit aus, dann laufe ich weiter.

Und darum laufe!

Frühjahrssturm

Das Rauschen des Windes in den Kiefern über mir lässt mich lauschen. So wie ich jetzt lausche, habe ich es schon zuvor viele Male getan. In vielen Jahren. Stets empfing ich eine Botschaft. Daran erinnere ich mich jetzt. Das Rauschen schwillt an, es tönt herbei und zieht wieder fort. Seitlich weg von meinem Weg. Lebendig und wesenhaft.

Je mehr ich lausche, umso mehr nehme ich wahr und umso mehr verstehe ich. Schon immer verstand ich etwas, doch nicht, wie ich jetzt verstehe. Ich bin mir sicher:

Es ist eine Sprache. Sie zu verstehen, bin ich hier. Sie kündet von der Ferne, aus der der Wind sich aufgemacht hat. Sie kündet von fortwährender Bewegung. Ohne Anfang ohne Ende. Sie kündet von einer übergeordneten Größe. Ich kann die Größe wahrnehmen. Eine Weite liegt darin. Es ist die Größe des Himmelskörpers in seinem Lauf.

Und darum laufe!

Die Öffnung

Ich bedenke im Rhythmus meiner Schritte: *Es ist uns aufgetragen, unser Erbe anzunehmen.* Ich folgere aus diesem bedachten Satz: *Wenn uns unser Erbe verweigert wird, so ist es unsere Aufgabe, unser Erbe einzufordern.*

Dann ist uns aufgetragen, uns zu dem Erbe zu bekennen.

Das also ist auf mich gekommen. Nicht ohne die eigene Position. Dann ist es zu tragen, es darin zu bewahren und zur rechten Zeit an unsere Nachfahren zu übergeben. Angereichert, ergänzt, bewegt und bedacht. Und so stehe ich dabei in Verbindung mit einer schier unendlich großen Zahl an Vorfahren und einer schier unendlich großen Zahl an Nachfahren.

Ich bin darin der Punkt, an dem diese beiden riesigen Trichter meiner Ahnen einander berühren. Mir erscheint das Bild einer riesenhaft großen Sanduhr. Ein Sandkorn bin ich in diesem Bild nicht. Ich bin die Öffnung, durch die der Sand gleitet. Darin bin ich vollkommen beschrieben.

Und darum laufe!

Ein Glitzern

Mein blicken auf mich, auf mein Sein, ist stets vernebelt. Völlige Klarheit von mir kann ich nicht haben. Das ist konstruktiv bedingt. Es ist uns so gegeben. Daran entwickele ich mein Sein.

Den Nebel zu lichten, ist die Aufgabe meines Seins. Und nun sehe ich ein Loch in den Wolken. Dort unten erkenne ich eine Landschaft. Ich sehe eine Küstenlinie, ein Meer, auf dessen Oberfläche sich die Sonnenstrahlen brechen und ein Glitzern zurückwerfen.

Schon ist die Wolkendecke wieder geschlossen und ich

weiß nicht, wie lang ich überhaupt sah. Ich weiß nicht, was an Gesehenem ich mit dem inneren Auge schaute. Ich weiß nicht, was ich an äußerem Sehen erinnere und was ich an innerem Sehen fortsetze.

Doch das zu wissen ist nicht wichtig. *Die Landschaft, das Meer, das Glitzern, das bin ich.*

Und darum laufe!

Wer bin ich?

Das Mechanische an dem Laufen ermüdet mich und das Mechanische an dem Denken zudem. Ich trete auf der Stelle und dabei auf einer Frage herum. Sie ist der Weg, das Fenster, ein Rat, der Schlüssel und die Antwort eines Menshen, der an einem heiligen Berg im Fernen Osten lebte.

Die Frage lautet: *Wer bin ich?*

So einfach und klar, dass sie unmöglich zu vergessen ist. Sie verweist auf den Gedanken, der zu allen vorausgehenden Gedanken und mit ihnen verbundenen Gefühlen führt: *Wer ist das, der dieses denkt? Wer denkt gerade?*

Und aus dem Inhalt, aus dem ich mich in Windungen zu lösen versuchte, bin ich nun enthoben. Ich fühle mich erhaben und darin lösen sich meine Hysterie, mein Aktionismus, meine Betroffenheit und meine Lähmung. Mitzufühlen bin ich sehr wohl noch in der Lage. Und ich falle auf die Knie vor Erschöpfung. Falle so aus der Erschöpfung heraus und besinne mich.

Dann beuge ich mich vor, lege meine Stirn auf den Waldboden und spüre das Blut in meinen Kopf hinabfliessen.

Wer bin ich?, denke ich in diesem Moment: *Wer bin ich?,* im Schließen der Augen, im Niederlegen der Handflächen auf den Waldboden.

Und ich sehe vor meinem inneren Auge links vor mir, völlig gestaltlos, mein in das Sein vertieft und verwickeltes SELBST. Es birgt mein EGO, den sich mit sich selbst identifizierenden Teil von mir. Dieses SELBST dehnt sich aus nach rechts hin, um immer weniger verwickelt mit den Erscheinungen und Materialisierungen zu einer anderen Qualität des SELBST zu werden.

Es ist ebenfalls völlig gestaltlos. Es ist ein reineres SELBST und es dehnt sich vor mir liegend aus in den dritten Bereich, der ohne Bezug und unbegrenzt in seinem Kerne reines NICHTS ist.

Was für ein heiterer Moment! Das also bin ich! Und zudem ist mir möglich, mich selbst dabei zu beobachten.

Und darum laufe!

Erstaunen

Den Tod zu finden, bin ich aufgebrochen. Einen zumindest. Vielleicht einen kleinen Tod. Und ich laufe, mich zu erschöpfen, mich zu verausgaben. Eine Grenze soll überschritten sein. Aus meiner Haut zu fahren, soll gelingen.

Und ich erstaune, wie ich nur soweit gelangen konnte. Ich erstaune, wie ich nur so eng werden konnte. Und ich berühre das grüne Moos an einem Baumstamm – *ich bin vollkommen verantwortlich, bis in die Tiefe einer jeden Beziehung, für all das.* Und ich rufe mir zu: *Wach auf!*

Und darum laufe!

Der Blick

Bin ich verwurzelt im HIER-UND-JETZT, bis hierher meiner Aufgabe gefolgt, so ist der Blick in den aus sich selbst heraus leuchtenden Spiegel keine Gefahr. Ich sehe mich selbst. Ich bin es, von mir beleuchtet. Ich sehe Übereinstimmung. Dort und hier. Das genügt.

Und darum laufe!

Visionen

Eine Frau leitet eine Meditation an. Auf der Wiese, auf der ich sitze, befinden sich Hunderte anderer Menschen, die ebenso wie ich ihren Worten folgen. Sie regt uns an, zur Ruhe zu kommen und tief zu atmen. Dann ermuntert sie uns, den Atem auf seinem Weg durch die Nasenlöcher in den Körper hinein zu beobachten – in die Lunge hinein und noch tiefer, an alle möglichen Orte des Körpers.

Ich fühle mich geborgen und behütet in dieser großen Gruppe von Menschen, die ebenso wie ich ruhig, mit geschlossenen Augen, den Ausführungen folgen. Jetzt regt sie uns an, zu beobachten, was unser Geist betreibt.

Ist es so, dass der Geist denkt, so fordert sie uns auf, dies zu benennen mit dem Begriff DENKEN. *Ist es so, dass er sich sorgt,* so sei dies benannt mit dem Begriff SORGEN. *Ist es so, dass er plant,* so sei dies benannt mit dem Begriff PLANEN.

Im Benennen bereits entsteht in mir eine mich entspannende, lassende Stimmung. Als würde ich mich erheben zur Freiheit hin, aus dem Denken heraus. Aus dem Denken heraus, mit dem ich mich zuvor vollkommen identifizierte.

Dies einmal zu erfahren, berauscht mich geradezu und all das mich Bedrängende, es verliert an Bedeutung und an zwingender Macht über mich. Diese Meditation empfinde ich als eine erhabene Lehre, heilsam und friedvoll.

In dieser Meditation erfahre ich zudem, dass vor meinem inneren Auge Bilder erscheinen. Geometrische Formen, Symbole und Zeichen. Ich sehe Dinge, Objekte, Gesichter und sie sind mal bewegt, mal starr. Dann gehen sie fließend ineinander über. Mal erscheinen mir diese Bilder bedeutsam, mal voll Geheimnis.

Ist es so, dass der Geist Bilder erzeugt, so rate ich mir leis, dies zu benennen mit dem Begriff BILDER. Ist der Begriff BILDER zu klein, so mag es vielleicht der Begriff VISIONIERUNGEN sein. Oder, um es präziser zu fassen, sogar der Begriff VISIONEN.

Wenn ich laufe, dann laufe ich in solchen VISIONEN. Dies wird mir daran deutlich, dass ich wiederholt erfahren habe, nach einer Stunde des Laufens auf der mir vertrauten Strecke zu erwachen, um mich vollkommen verirrt zu fühlen. So als hätte ich mich verlaufen. *Ich muss wohl vollkommen in mir versunken gewesen sein – mit offenen Augen.*

Und darum laufe!

Offener Baum

Ein offener Baum, gehöhlt, sodass Licht durch ihn hindurchscheint. Gehöhlt, mit jedem Wort ich hohler werde.

Gesprochen, geschrieben, gedacht.

Mit jedem der Schönheit gewidmeten Wort ich weniger werde, an diesem roten verwitternden Mark.

Insekten sind meine Souffleusen, flüstern mit jedem ihrer wuchs- und Fressgänge das flockend vom Wind gelöste Wort aus mir heraus.

Der Specht, mein heiliger Freund, schillernd grün, mit

schwarzer Maske.

Späne, große Worte, Stücken und Fetzen mit seinen Schlägen fliegen.

Und darum laufe!

Selbstbeobachtung

An einer Stelle im Wald löst sich ein Knoten meiner Laufsandale. Ich halte an, setze mich auf den Waldboden, und beginne die Verschnürung zu lösen. Dann fädele ich die Schnüre wieder in das Loch in der Sohle ein und knüpfe den Knoten neu an der richtigen Stelle. Ich setze meinen Fuß auf die reparierte Sohle und passe die Schnüre an meinen Fuß an. Als all dies fertig ist, blicke ich auf.

Wie schön es ist auszuruhen! Das Plätschern des Baches, der Blick in alle Richtungen – ein Geschenk ist diese Rast.

Und ich blicke hinüber über den Bach, hinweg auf die andere Seite. Dort weit über mir muss der Weg verlaufen, den ich stets nehme. Ich erkenne den Anstieg, der sich zwischen den Bäumen abzeichnet.

Und nun kann ich mich selbst sehen, wie ich dort den Weg hinauflaufe. In meinen blauen Shorts, dem türkisen Hemd, der schwarzen Mütze, die Arme und Beine gebräunt von der Sonne!

Wie ein Geist husche ich den Berg hinauf. Eben noch zu sehen, schon bin ich meinem Blick entschwunden.

Erstaunt bin ich von meiner Geschwindigkeit, behänd

über Geröll und Stein. Es ist, als würde ich einem scheuen Tiere nachblicken, welches seiner Wege zieht.

Über diesen Blick, den ich erhaschen konnte, bekomme ich nun Zugang zu Ansichten von mir auch an anderen Orten. Ich sehe mich sitzen, in einem Büro, stehen an der Kasse eines Supermarktes. Ich sehe mich reisen in einem Fahrzeug, sehe mich sitzen im Kreis von anderen Menschen. Das ist reine Information. Es liegt keine Wertung darin.

Und darum laufe!

Das Portal

Das Portal, durch das Hindurchzuschreiten dir gestattet ist, du bist es selbst. Das Portal, an dem, durch es hindurchzuschreiten du zu scheitern hast, du bist es selbst. Das Portal, durch das Hindurchzuschreiten dir gelingen wird, du bist es selbst.

Und darum laufe!

Zu Bewundern

Ich verwirkliche mich dort, wo ich die Schönheit bewundere. Eine Blüte, ihr Duft, der Tautropfen, das sich in ihm brechende Licht. *Es ist ein Wunder darin, welches ich in den Kelch der Blüte lege.* Ein Rätsel, welches mir begegnet, von mir bewundert.

Und darum laufe!

Unbegrenzt

Wenn es so ist, dass es mir im Laufen gelingt, mich zu vertiefen in Begebenheiten, die mich besonders stark berühren, Begebenheiten, die in der Vergangenheit liegen, so hole ich etwas hinauf von diesem Gefühl in die Gegenwart.

Ich hole etwas in diesen Lauf hinein. Es ist das an ein Ereignis, an eine Handlung gebundene Gefühl. Die Qualität dieses Gefühls ist dabei einerlei. Ich kann mich in Scham verzehren oder ebenso gut Freude oder Beseeltheit zum Ausdruck bringen. Und ich verändere etwas an diesen Gefühlen, dadurch dass ich sie hervorhole. Ich verändere hierdurch ganz gewiss den Moment, in dem ich laufe. Die Intensität des Gefühls lässt es hervortreten und damit das verbundene Ereignis. Die Intensität lässt es heraustreten aus dem Strom aller jemals erfahrener Momente, aller jemals gefühlten Gefühle.

Das Gefühl tritt hervor und es tut dies mit völliger Selbstverständlichkeit. Es ist im Recht und ich lasse es gewähren. Ich bleibe dabei neutral, offen und empfangend. Mein Körper ist in Bewegung. Ich atme, ich schwitze, das Blut pulsiert in meinen Adern. Es brodelt in mir und durch mich hindurch. Und in jeder meiner Zellen bearbeite ich dieses hinaufgeholte Gefühl und bringe es in Schwingung.

Die Bewegung wird zu einem spirituellen Akt. Sie wird zu einem Opfer, welches ich aus dem, was wir Bewusstsein nennen, herauslöse und dahingebe. Im Opfer harmonisiere ich mich. Ich reinige mich und kann das Gefühl loslassen. Das Gefühl ist darin gewandelt und besänftigt. Ich werde weich und leicht.

Ich kann anerkennen, einmal so gehandelt zu haben. Ich kann anerkennen, kein anderes Bewusstsein gehabt zu haben, als jenes, welches mich damals genau so handeln ließ. Mein Blick kann distanziert von allen Seiten beobachten, da ich ja im Moment Distanzen zurücklege. Ich kann zudem anerkennen, dass ich bin. Ich existiere, mein Organismus erhält sich selbst, er atmet ohne Unterlass.

Welcher Art Recht ist dies nur, dieses Weiterbestehen, diese Nicht-aufgeben-wollen? Ich kann erahnen, dass es das mir zugrunde liegende Prinzip ist, zu handeln und mich darin zu erfahren. Das ist das ZU-ERFAHRENDE. Das ist das mir aufgetragene, das mir mögliche, das Geschenk und die größte Herausforderung zugleich. Ich wollte genau das fühlen, genau das erfahren. Und die Freiheit der Wahl in der ich stand, in der ich hier stehe, immer stehen werde, ist unbegrenzt.

Und darum laufe!

Hitze

In der Hitze, in ihrem Stechen, wenn sie von außen eindringt in den Körper, zugleich in der Hitze, die von innen den Körper verzehrt, von der Körpermitte aus bis an die Innenseiten der Hautoberfläche.

Die Haut, ein Transparent, eine Grenze so fein, dass Innen und Außen in ihr zusammenkommen, eins sind, darin das Feuer den Körper verglüht bis in ein reines Gelb, ein Orange, wie weißglühend fließendes Metall, ein Gold, dann hinüber in reines Weiß und dann nur noch Weiß, durch und durch.

Jetzt der Körper gesenkt ist in das eiskalte Wasser des Gebirges, das Wasser in seinem Strömen erhellt ist von diesem Weiß, es sich abkühlt dabei in ein Blau-weiß, Türkis, Blau, Tiefblau, dann Blau-Schwarz, gefroren fast.

Ausharren in dem Wasser, Ausharren. Es kann dauern. Still-Halten, genau beobachten, erkalten in die tiefe Innerlichkeit hinein. Vollständig nur die Reise ist, wenn sie gesammelt sind, die Farben des Regenbogens und in dem Sich-Erheben aus dem Wasser in allen Farben nun erstrahlt hinauf ein Körper, mehr ein Wesen, eine Seele.

Und darum laufe!

Nabelschnur

Einmal gebrauchte ich ein Bild.

Warum lebst Du in dieser Stadt, an diesem Ort? Wurde ich gefragt. *Was macht ein Leben in ihr möglich?*

Und ich sprach von einer Nabelschnur. Der Weg an dem Bach, der in die Stadt fließt und dann in den Strom mündet, er wäre für mich wie eine Nabelschnur, die hineinführt in den Wald, in den ich so regelmäßig laufe. Dort erhole ich mich und kehre dann zurück.

Und hier im Laufen, inmitten dieser Schnur, in dem pulsierenden Strom wird mir das Wesentliche dieses Bildes bewusst: *Ich laufe dem Ungeborenen entgegen, dem Embryo, welcher mein ungeborenes Selbst ist.* Er ist das Unberührte zudem. Mein WESENSKERN liegt dort tief im Wald zusammengekauert und ich bin dieser WESENSKERN, ganz rein, klar und unberührt, wenn ich nach einer Stunde des Laufens dort ankomme.

Von dort kehre ich zurück über die Nabelschnur in die Stadt an dem Strom, die in diesem Bild die Plazenta darstellt. Die Stadt, die mich ernährt, mit Begegnungen und Aufgaben versorgt.

Das Bild fragt mich nun: *Wann wirst Du geboren? Wann ist es soweit?*

Und darum laufe!

Ein Regenbogen

Ein Regenbogen, er kommt zu mir. Ganz plötzlich, unvorhergesehen. Ich stehe vor ihm und blicke ganz gebannt. Ich könnte ihn nicht abpassen oder sein Erscheinen vorhersehen. Ich kann nicht wissen, wann und wo er sich zeigt. Der Regenbogen verblasst und löst sich auf.

Suche einen Regenbogen! Tönt es in meinen Ohren. Eine Aufgabe für den nächsten Tag, die nächste Woche oder für einen längeren, in der Zukunft liegenden, Zeitraum. Und ich beginne darüber nachzudenken, was ich tun könnte, einen Regenbogen zu finden. Ich verstehe schnell, dass ich durch den Versuch dort zu sein, wo er sich zeigen könnte, ihm möglicherweise ausweiche. Durch eine Annäherung, dem Streben ihm nahezukommen, entsteht Unerreichbarkeit.

Und so ist seine Botschaft im Kerne, bereit zu sein. Bereit, sich ihm zu widmen, wenn er sich zeigt. Wieder tönen Worte in meinem Ohr:

Gib auf! Lass es sein. All Dein Streben ist vergeblich! Wie lange willst Du Dich noch erschöpfen? Du bist doch schon längst da! Schau Dich um! Es ist alles da!

Die Botschaft des Regenbogens an mich ist, ihn zu erfahren als ein Wunder in der Welt. Und weiter in der Hingabe an den mich bezaubernden Moment, die Lebendigkeit, das Leben selbst zu erfahren. Ganz Kind zu sein, staunend, herausgelöst aus allen bedenkenden Gedanken, zeitlos. Herausgelöst aus Plan und Reue. Herausgelöst aus dem Blick voraus und dem Blick zurück. Lebendig zu sein, empfänglich, gerührt.

Der Regenbogen fragt: *Was ist dort in einem Leben, was sich einer Annäherung entzieht und was in der Fähigkeit, empfangen zu können, sich erst ermöglicht?*

Ich frage mich: *Was ist der Regenbogen, der sich in mich hinein wölben mag, um mich zu erfüllen? Was ist es, was mich anfüllen mag mit allen Farben des Spektrums, mit Sinn, Bedeutung und Hoffnung zudem?* Ich wende mich nach innen und werde still.

Und darum laufe!

Zeitlosigkeit

Ebbe und Flut, die stete Bewegung an den Rändern eines Eilands, die Veränderung, der Wandel, den ich beobachte. Strände, Sandbänke, mäandernde Ströme dazwischen. Sich verwischende Grenzen, Linien, die nicht zu ziehen sind. Die Erosion des Wassers und die Entstehung des Landes.

Wenn etwas gilt, so ist es: *im Kleinen, wie im Großen.* Und alles befindet sich in Bewegung. An dem, was ist, kann ich erahnen, was es einmal war. Mehr jedoch nicht. Niemals kann etwas genau so sein, wie es einmal gewesen ist. Auch der Felsen befindet sich in stetem Wandel. *Der Felsen fließt dahin.* Und so mein Bach im Tal mäandert, an dem Felsen sich reibt. An Bäumen vorbei. Der Bach den Sand bewegt, um zu sein, was ich nun vorfinde.

Und wenn etwas gilt, so ist es: *im Innen, wie im Außen.*

So ich mich sehe und ich mich verstehe in der kleinsten, von mir wahrgenommenen Naturerscheinung, ich bin ein Teil von ihr, war es immer und werde es immer sein. Und alles strömt dorthin, in die Versöhnung von Land und Wasser, von hart und weich, in die Vereinigung der Gegensätze. Sie sind darin ihrer selbst vollständig bewusst. Eine Harmonie, die sich in dem Moment zur Zeitlosigkeit aufschwingt.

Und darum laufe!

Weißer Raum

Ein weißer Raum, der mich umgibt. Vollends weiß, unendlich sich erstreckend. Der Ursprung des Lichts, welches ihn erhellt, liegt in mir. Tief in mir. Eine Sphäre, einem Sterne gleich, im Meer von Sternen schwimmend.

Ich schaue mich um und Reise an die Ränder dieses Raumes und leuchte weiterhin aus mir heraus. Ich sehe weiße Stoffe, Tücher, Laken, die mich blenden. Sie müssen wohl etwas beschatten. Ich nähere mich an. Ein Laken, es ist zum Greifen nah. Es zu berühren ich nicht wage. Den Schatten, den es wirft, kann ich nicht sehen. Den Schatten, den es wirft, nun zu beleuchten, ich den Hinweis eines Menschen brauche. Das Laken abzuhängen, eines, dann ein nächstes, es erscheint so einfach und so nah.

Und darum laufe!

Stille

Stille in der Stille. Ich sehe ein Bild von einer runden Form, in die eine Flüssigkeit einströmt, um in ihr durch die spiegelnde Oberfläche einzugehen, ohne dabei Wellen zu erzeugen. Und wenn Wellen, dann sind sie ganz zäh und langsam und erzeugt, nur um zu zeigen, dass es ein Einströmen einer Substanz in eine andere ist.

Es ist Stille, in eine Stille einströmend. Ein Bonbon gefüllt mit einer weichen Masse, in die wiederum eine andersartige weiche Masse hineinströmt, geschmacklich und in ihrer Farbe von der ersten unterschiedlich. Und doch ist sie aus derselben Substanz. Eine weiche Masse, nahrhaft, wärmend, hell und Süß.

Um die Zähne ist sich nicht zu sorgen, unbefleckt bleiben die Windungen des Gehirns. Stille in der Stille, als würde nicht das Bonbon im Mund zergehen, sondern das Gehirn in der Substanz.

Und darum laufe!

Sterne

Ich laufe, ohne zu laufen. Ich denke, ohne zu denken. Ich empfange, ohne zu empfangen. Ich stimme mit dem, was mich umgibt überein. Darin ist alles in Harmonie.

Alles ist geborgen in dem EINEN. Das zu Leisten, meine Aufgabe ist. Dass es das EINE sei. Und ich hole die Sterne herab, eine funkelnde Schar in meiner Hand, in meinem Herzen. Und ich sende die Sterne hinauf, eine funkelnde Schar in meinem Herzen, in meiner Hand.

Und darum laufe!

Endlich

Früh morgens, bei Anbruch des Tages, das Licht sich langsam erhebt. Spechte Trommeln, der Gesang der Vögel aus allen Richtungen, mir begegnet im Wald eine junge Mutter mit ihrem Säugling im Arm.

Sie kommt aus der Tiefe des Waldes, in die ich gerade hineinlaufe. Ein weißes Tuch ist über den Kopf ihres schlafenden Kindes gelegt. Behutsam wiegt sie ihr Kind im Arm.

Sie lächelt mich still und vertraut an. Ihre Augen sagen: *Endlich, die Nacht ist vorbei!*

Und darum laufe!

November 2016 — April 2020
www.darumlaufe.net